价势量
三步看盘法

传俊 著

地震出版社
Seismological Press

图书在版编目（CIP）数据

价势量三步看盘法 / 传俊著. -- 北京：地震出版社，2025. 5. -- ISBN 978-7-5028-5751-6

Ⅰ. F830.91

中国国家版本馆 CIP 数据核字第 2025YU5420 号

地震版　　XM5779/F（6558）

价势量三步看盘法
传俊　著

策划编辑：张轶
责任编辑：张轶
责任校对：凌樱

出版发行：地震出版社
北京市海淀区民族大学南路 9 号　　邮编：100081
发行部：68423031　　68467991　　传真：68467991
总编室：68462709　　68423029
http://seismologicalpress.com
E-mail：8712121@qq.com

经销：全国各地新华书店
印刷：北京天恒嘉业印刷有限公司

版（印）次：2025 年 5 月第一版　　2025 年 6 月第一次印刷
开本：710×960　1/16
字数：166 千字
印张：13
书号：ISBN 978-7-5028-5751-6
定价：68.00 元

版权所有　翻印必究

（图书出现印装问题，本社负责调换）

前言 PREFACE

　　什么是投资？有的人说投资靠运气，运气好时随便追涨都能大赚，运气不好时挑什么个股都会亏损；有的人说投资是艺术，要看个人的盘感和天赋；也有的人认为投资靠经验，见得多了，亏得多了，就会积累经验。传俊觉得，投资更多靠的是技术。完整的投资系统、理性的决策过程才是最重要的，而这些是可以通过学习来获得的。一种方法如果是不可重复的，那就是艺术而不是技术，只有可以学习、可以掌握，并通过市场不断得到验证的方法才是好方法。

　　股市中另一个决定胜负的因素是心态。从你开始决定投资股市的那一刻起，你整个人就成了胜负的关键，你的坚定、稳重、软弱、贪婪，都会直白地表现出来，那些从来不会被人提起的优缺点，会一次次地展现在你的眼前。如果没有掌握一个成熟且可掌握的技术系统，就会不断地重复一些错误而不自知。可惜的是很多人在股市中奋斗了那么长的时间，却还没有找到自己的方法，总是寄希望于市场，寄希望于他人，结果自然不会太美妙。本书将与你分享的是传俊在实战中的诸多心得，有助于你用另一个视角来审视市场、平衡自我。请注意，本书重在"用"而不是"读"，当你学到任何方法或技巧之后，都可以马上停下来去试着用一下，然后再继续向下学，这样你的感触才会更深，毕竟"实战"才是检验方法的唯一标准。在投资这条道路上，愿与大家同行。

（一）新手入门的基础

对于投资新手来说，在开始学习技术分析之前，我们要先了解自身的优势和不足，对自己有清楚的认知，在此基础上的学习才能更加有目标性、针对性。很多人在初涉股市时，会因为听不懂专业术语、没有投资经验而不自信，但事实上，新人也是有自己的投资优势的。第一个优势是没有先入为主的固定思维，可以从基础部分开始学习，不会受到固定思维的干扰。像一些已经在市场上摸爬滚打很多年的股民朋友，可能不愿意做高价股，继而就会丧失很多参与"大白马"的机会，但对于新人来说，就不存在这个问题，从这一角度讲，没有投资经验反而是件好事，有助于我们平地起高楼。第二个优势是可以学习到多种方法并从中选优，大家都知道技术分析和基本面分析的方法和流派有很多，其繁杂程度常常让人觉得无从下手，不知道该选择哪一种，对于新人来说，我的建议是多看多学，再做筛选，我们会在这个过程中发现自身的个性、性格更适合做短线还是中线，是指标用得漂亮还是形态抓得好，这些都可以在我们一步步的学习中慢慢体会到，从而做到优中选优，慢慢建立稳定的、符合自身情况的投资风格。第三个优势是从一开始就形成良好的投资习惯，规避老手常见的一些错误习惯，这会让我们之后的投资变得非常顺利。既然具有这么多优势，我们就应适当建立起一定的自信，不要因为某个线不会看、某个术语听不懂就妄自菲薄。

那我们新人应该注意些什么呢？一定要时刻注意保持一颗平常心。在投资比较顺利时，不要得意忘形，不要因为短期的一点点盈利就自我膨胀，过度的自信会使我们在面对行情变化时受到极大的打击，也就是得意时不可忘形。相对地，失意时也不必沮丧，短期的失利并不能说明我们的投资水平很差，我们要做的是在失败时总结经验、有所收获。在整个投资生涯中，我们必然会经历起伏，体会牛熊市的大起大落：没有经历过牛市的疯狂，就无法想象这些个股能达到什么样的天花板；没有经历过熊市的惨烈，也不会知道这种标的会跌到什么样的地板价。这些投资经验是必须要有的。只有当我们经历了一个完整的牛熊转化，什么情况都碰到了，才能从一个新手转变成一个老手，可以说，不经历一个完整的牛熊市不能算是一个完整的投资人生。经过时间的洗礼，我们既收获了经验，还学会了技术，那么市场就一定会向我们敞开大门，投资的收益也会越来越多。

（二）新手入门的两大问题

新手在刚刚入门时，应该考虑两个问题，一个问题是学什么，一个问题是学多深。从入门的难易程度来说，技术分析比基本面分析要简单一些，因此建议初学者从技术分析开始入手。而技术分析也包含了众多流派，其中有三个方面是需要我们加以重点学习的。首先是K线。K线的学习是进行技术分析的根基，这是因为很多指标、技术形态都是以K线为基础演变而来的。其次是均线系统。均线系统是非常常用的趋势判断指标。最后还要对量能进行深入学习，成交量的配合在技术分析中非常重要。这三个方面的学习是我们入门时必不可少的部分，我们称之为"价势量"，也就是价格、趋势、成交量，这是我们技术分析入门的三板斧，熟练掌握这三个方面，就可以顺利地进入技术分析领域，成为别人眼中的高手。

　　当我们想要研究某一个技术分析手段的时候，会发现相关的书籍资料非常多，一些新手投资者在看到这些资料的时候，会有这样一个误区，比如学习K线，就想将有关K线的知识全部掌握，把K线挖到最深，再去进入均线等手段的学习，继续深挖，觉得这样学下来，心里才踏实。我们每个人的精力是有限的，作为初学者来说，我并不建议大家学得过深，这一点和大家以往对学习的认知是不大一样的。将过多的精力用于深挖某一方面，会造成我们学习的广度不足，所得到的结论也会与现实情况产生较大偏离，事实上，在我们看K线组合的时候，如果配合上均线系统，加上成交量以及其他技术分析指标，我们的准确性会得到大大的提高。单看某一个方面是会有偏颇的，比如我们会发现某一K线组合在这一位置是成功的，在另一位置却失败了，在某个位置是上涨的标志，在另一位置反倒被骗了，这是因为我们考虑得不够全面。因此，在我们还是新手的时候，学习股票知识，应扩展知识的广度，而并非追求某个方向的深度挖掘，如果精力充沛，想要多多学习，可以学习不同类别的知识，掌握了广度，再在某个领域进行深挖，才是良好的学习习惯。

（三）学习的重要性

　　学习重不重要？当然重要，很少有人会质疑学习的重要性，但是在每个人心里，对学习的理解还是有很大不同的。拿游泳来说，一些家长会送孩子到正规游泳馆，找专门的游泳教练学习，还有一些人并不是教练教出来的，而是野路子，进水里扑腾扑腾也就会了，同样都是学会游泳，野路子出来的人，游泳的姿势、速度通常会比没有经过系统性学习的人好，这就体现了学习的重要性。就跟学开车一样，我们为什么要报驾校呢？一方面是为了考取驾照，另一方面是为了学习到驾驶的基础知识，如果我们只是去跟着一个会开车的人学习，即使学会了开车，在实际的驾驶过程中也会出现一些问题，这些是从开始练的时候就不知不觉固化下来的问题。相对来说，系统的学习可以帮助我们从开始就打好良好的基础，这一点是非常重要的。放到投资里也是一样，我们要对自己的投资负责。

　　同样一笔钱，如果我们想拿来开一间饭店，一定会考虑店铺位置怎么样、菜品选择什么、价格如何设置、装修成什么风格等问题，但如果把这笔钱拿到股市中，反而很多人会更随意，可能只是听到别人说哪只股票更好，就把钱投进去了，所以，我们扪心自问，我们有没有对自己的投资负责呢？同样是投资行为，一边是实业，一边是股票，面对前者，我们慎之又慎，面对后者，却又过于轻率。我常常听人在股票亏损后，埋怨某某人荐的股票不好，准备再去看看别人的建议。这是个极其不好的投资习惯，其背后折射的是我们的不自信。因为没有经过系统的学习，我们无法依靠自身的知识储备对股票进行判断，所以我们会听取别人的想法，亏损后将原因归咎于人、归咎于大盘环境，为自己的投资失败找借口。但是不要忘了，所有的投资决策都是自己做的，所有的投资结果也只有自己可以负责。东一榔头西一棒槌的跟风炒股行为显然是很难取得良好的投资结果的。有一些人，摸爬滚打了几年，甚至十几年，依然不能找到自己擅长的方向。那么要如何摆脱投资跟风的错误习惯呢？那就是多学习，在股票投资的道路上渐渐形成自己的投资风格。作为初学者，从一开始就应确立这一目标，避免形成不好的投资习惯，只有打好基础，在以后的投资中才能取得较高的成功率。有这样一则笑话，如果在森林中碰到了老虎，应该赶紧系鞋带，为什么呢？因为你不需要比老虎跑得快，比身边的人跑得快就够了。同样地，在股市中，我们也不追求达到"股神"的投资效果，比身边的人快一步，就是我们胜利的基础。

　　漫无目的的摸索只会让我们走更多的弯路，系统学习则可以让我们快速成长。基础的知识并不难，只要我们学习了，就可以超过身边绝大多数没有经过系统学习的人，比起摸索的野路子，我们搭建的系统也会更加完备。投资不是儿戏，不能随随便便找个券商，开个户，就说做完了所有的准备动作，在一无所知的情况下盲目投入资金，是对自己资产的极度的不负责任。股市的投资与驾驶有着相同之处，红灯停、绿灯行是通用的道理，股市里的红绿灯是各方面的系统指标，很多人却看不明白什么时候算是亮起了红灯，什么时候又该加大油门，而这些信号是我们通过系统性学习就能了然于胸的，也就是说，有些损失我们是完全可以规避的。还有一些人会持怀疑态度：大家都学习了K线、均线，所有的判断依据都是一样的，那我们得出来的结论不就都是一样的了吗？答案当然是否定的。我们所学的知识就像是一块块积木，同样数量、形状的积木可以搭出来完全不同的东西，这些小小的积木单独拿出来，看上去平平无奇，但我们的能力将赋予它们无与伦比的生命力。我们在投资中学习的基础是相同的，最终形成的投资风格却是千差万别的，带着强烈的个人色彩。这也是投资被人们看作一门艺术的原因。

相信大家已经确定好了学习思路，做好了学习股票技术的思想准备，那么接下来，我们将正式进入技术分析的学习。

目录 CONTENTS

第一章　K线的入门——学会看"价"　001

第一节　认识K线　003
第二节　常见的单根K线　007
第三节　两根K线组合　020
第四节　三根K线组合　027

第二章　均线的基础　037

第一节　常用均线　040
第二节　均线特征　050
第三节　均线使用法则　059
第四节　均线常见的图形及术语　065

第三章　成交量的技巧　　073

第一节　使用原则　　078
第二节　量价关系　　081
第三节　成交量形态　　093

第四章　多空布林线　　107

第一节　认识多空布林线　　109
第二节　多空布林线的三个要素　　114

第五章　价势量擒"牛"核心技术　　131

第一节　K线战法　　136
第二节　均线战法　　157
第三节　成交量战法　　179

后记　做独一无二的你！　　193

第一章

K线的入门——学会看『价』

第一节 认识K线

　　K线其实是一个非常有趣的指标，或者说是技术分析手段，它是所有技术分析的基石，我们在看盘时，最主要的界面就是K线图，可以说，K线是我们学习技术分析的入门的知识点。我们所说的学会看"价"，这个"价"就是K线，这是因为K线是由四个价格组成的，价格的变化就代表了对趋势的追踪。

　　如果我们想要了解某只股票的情况，就需要在看盘软件中调出这样一个界面（见图1-1）：上面这个板块中的柱状体为K线，如果是单天的就叫作日K线，时间加长就会产生周K线、月K线，时间缩短则会产生六十分钟K线、三十分钟K线。在K线图上叠加的这些曲线叫作均线，表示的是股票的走势，最下方这个高低不一的板块展示的则是成交量。价格、均线、成交量，这三个因素即构成了价势量三步做盘法。关于均线和成交量的内容，我会在之后的章节中为大家详细介绍。我们首先来看一下K线的基础知识。

　　K线图又被称为蜡烛图，据说起源于18世纪日本的米市，主要当时是用来表示米价的变动，因为它的图形看起来简单明了，对价格波动表现得非常直观，所以后来就被引入证券市场。可以说，K线分析最大的特点就是直观，通过观察柱状图和线的长短，我们就可以知道全天多空博弈的最后结果，即通过四个价格，我们可以清楚地看出盘中的变化，并将其标注出来。多根K线组合进行排列，就形成了大家经常听到的M头、W底、头肩顶、头肩底等形态。需要注意的是，K线分析在亚太地区股市非常常见，而在欧美股市中用得很少，K线分析当然是股市中很重要的判断依据，但不要将其过度神话，认为K线就一定准确，它只是我们做投资的参考因素之一。

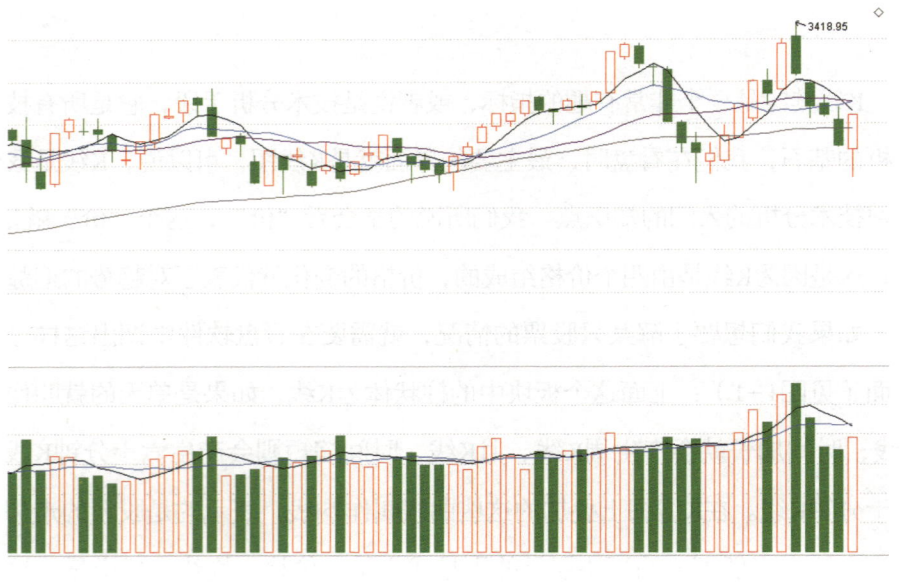

图1-1

一些老股民可能经历过早期没有电脑辅助工具的时代，那时需要找一张坐标纸，在上面画出K线和均线，这在当时算是一个基本功，当然现在已经不需要大家再手动去画K线了，炒股软件上可以自动生成，但我们还是要知道K线是如何画的。构成K线的四个价格分别是：开盘价、收盘价、最高价与最低价。其中开盘价与收盘价构成K线的实体，最高价形成K线的上影线，最低价形成K线的下影线。如果收盘价比开盘价高，则当天的K线为阳线（红色），如果收盘价比开盘价低，则当天的K线为阴线（绿色），大家可以借助图1-2来加深一下理解。

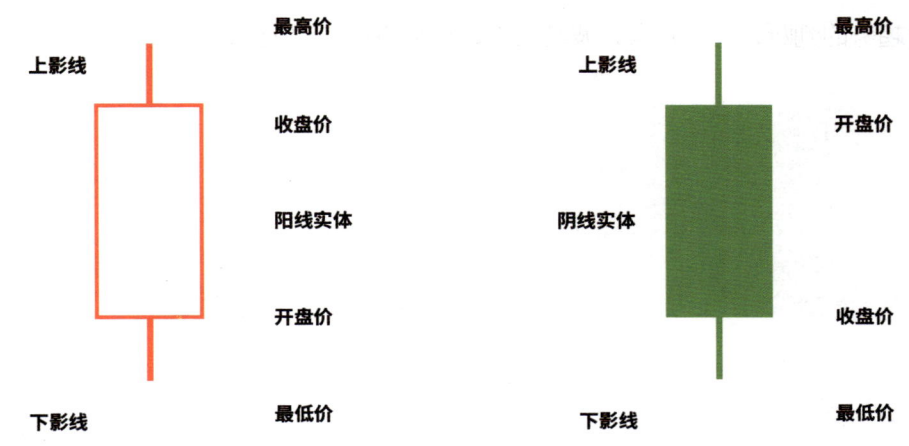

图1-2

开盘价是当天第一个集合竞价出现之后的价格，集合竞价的概念在之后会有详细说明，现在我们对此有个初步的印象即可。开盘价相当于这一天价格的开始，那么与之相对，还会有一个价格的收尾，在当天的最后一个阶段，同样会出现集合竞价，这一最后的价格就是收盘价。将这两个价格进行标注，再连接成一个柱状图，就形成了K线的实体。沿着柱体的中线，标注出最高价和最低价的位置，形成小线段，最高价如果高于实体上端，就会形成上影线，最低价如果低于实体下端，则会形成下影线。红色实体为阳线，意味着股价的上涨，绿色实体为阴线，意味着股价的下跌，上下影线的长度跟全天价格的变动有关。我们看到实体和上下影线的情况，就可以大致了解这只股票在当日的走势了，而不必看当日的分时图。比如我们看到了一个实体较长的阳线,即长阳线,就说明这只股票在当日有较强的涨势。那么为什么我会一直强调我们只需要观察由这四个价格构成的K线就足够了呢?这是因为我们如果观察分时图,可以看到很多波动,这些次级波动会干扰情绪,影响对趋势的判断,但至收盘,波动结束,趋势将更加明确。

第二节 常见的单根K线

我们已经知道了K线的构成部分，接下来就开始对K线分析的学习了。对单根K线的分析是K线分析学习的第一步，在此我做一类比说明，以方便大家理解单根K线的分析原理。如果我们将一天内股价的波动看成一场足球比赛，其最重要的当然是最后的比分和输赢（即最重要的价格是收盘价），不同的K线之所以具有分析价值，是因为我们可以通过其形态来判断多方和空方全天"比赛"的过程，从而理解在当天的拼斗中到底是多方占优还是空方占优，以预测第二天的情况。如果我们看到当天多空双方的对抗中是多方占据了绝对的优势，呈现出大阳线的形态，那我们会判断在下一个交易日多方会乘胜追击。相反，如果这一天波动范围很小，双方都没什么劲头，我们会猜测在下一个交易日大概率依然是横盘震荡的情况。相信大家已经明白了单根K线分析的意义，即通过当日的结果来预测下一个交易日或未来一段时间的运行情况。

我们能够观察到的K线都是由开盘价、收盘价、最高价和最低价这四个价格构成的，一般的K线应该是由实体和上下影线三部分构成，但是有一些特殊的形态是需要我们多加了解的，这些K线出现得较少，所以它们的分析价值也就更高，这些特殊形态的K线自然就是我们学习的重点。

（1）大阳线

在单根K线分析中，我们首先要讲到的，也是股民朋友们最愿意看到的形态——大阳线（见图1-3）。大阳线也叫长阳线，其特征是开盘价接近于全天的最低价，随后价格一路上扬至最高价处收盘。大阳线代表全天多方占优势，进攻的气势如虹，打得空方没有还手之力，最后以绝对的优势赢得当天的比赛，这也往往代表着多方还有进攻的余力，后续继续上涨的概率很高。我们可以看到大阳线的上影线一般都比较短，甚至没有上影线，这说明多方当天冲到头了都没有任何往回防守的意思，体现了一种永不停歇的向上进攻的气势，我们能够从中获得信心，认为明天仍然能延续进攻的优势。所以说，大阳线往往也是一个起涨的基础。

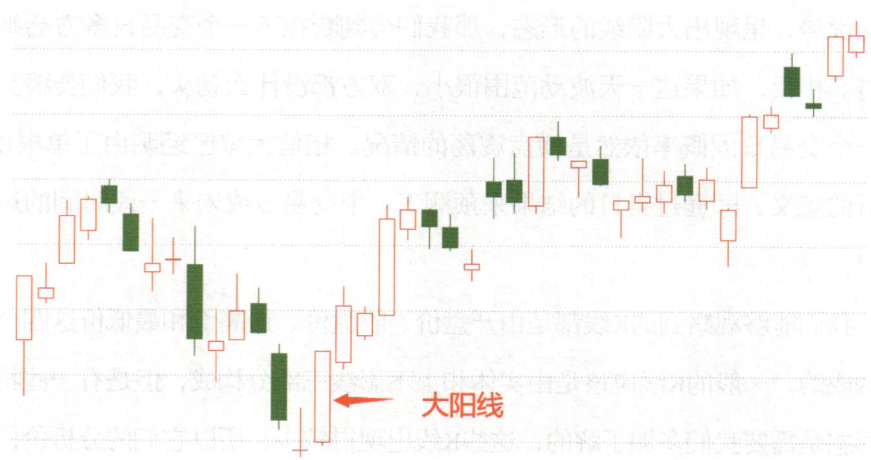

图1-3

以图1-4为例，我们看这个分时图的走势，当天股价高开，开盘价和全天最低价接近，之后价格冲得非常猛，盘中有回落，这个回落包含在K线之内了，到了下午，经过中间一段时间的调整休息，进攻继续，到尾盘的时候几乎以最高点报收，只产生一点点价差。它所形成的K线，毫无疑问，必然是极其典型的长阳，也是我们比较愿意看到的。当然，我们所举的是比较极端的长阳例子，它的上影线和下影线一般都较小，在我们看来是非常漂亮的形态。也有的阳线会有一些长上影线，那就不能把它叫作长阳了，我们把它看作其他的特殊形态，有不同的意义。

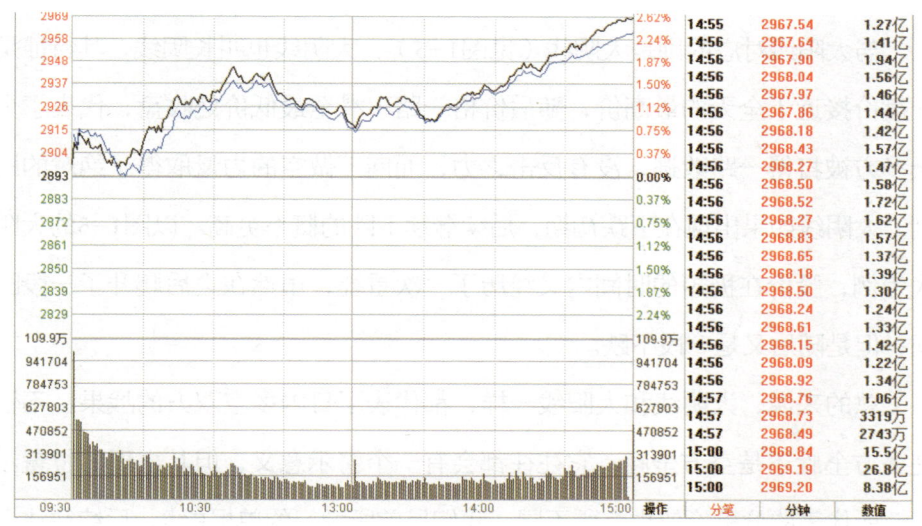

图1-4

一般来说，如果市场在经过一段横盘后，出现了大阳线，就说明这波横盘已经结束了，这是因为一整天空方都被多方压着打，多方有着巨大的优势，在下一个交易日，有很大的概率将进攻态势延续下去。

大家一定要注意类似的单根K线，出现在不同位置的大阳线后续的情况会有很大不同。长阳线出现在某些位置时，可能带来一波像样的大行情；出现在另一些位置时，又可能冲两天就回落了。这种情况只能代表当天的获胜，至于未来能不能继续上涨，还要看其他因素的配合，比如下方的成交量够不够，均线有没有形成强支撑，这些都是我们以后会学习到的内容。现在，大家需要对长阳线有基础的了解，需要认识到这是一个多方全胜的战果。

（2）大阴线

与大阳线对应的则是大阴线（见图1-5），大阴线也叫长阴线，其特征是开盘价接近于全天的最高价，随后价格一路下滑至最低价处收盘，代表了全天多方被打得一路败逃，没有反击之力，而向下做空的力量取得了绝对的胜利。大阴线如果出现在下跌初期，后续继续下跌的概率更高。以图1-5的大阴线为例，股价在极短的时间内又经历了一次重挫，虽然在之后爬升了一段时间，但是随后又是一段下跌。

总的来说，大阴线和大阳线一样，都代表了日内多空双方的战果。不管是多方全胜还是空方全胜，它往往都会有一个警示意义，但其出现的位置不同，所代表的分析价值也有所不同。我们目前所学习的单根K线，后续往往会有一个顺势的过程，也就是说，我们观察到某根K线呈现典型的、饱和状态的涨或者跌，那么之后大概率会延续这一状态。大家对单根K线了解到这个程度就可以了，至于一些组合或者出现的位置到底有什么讲究，我们在后续深入讲解的时候，再与大家分享。

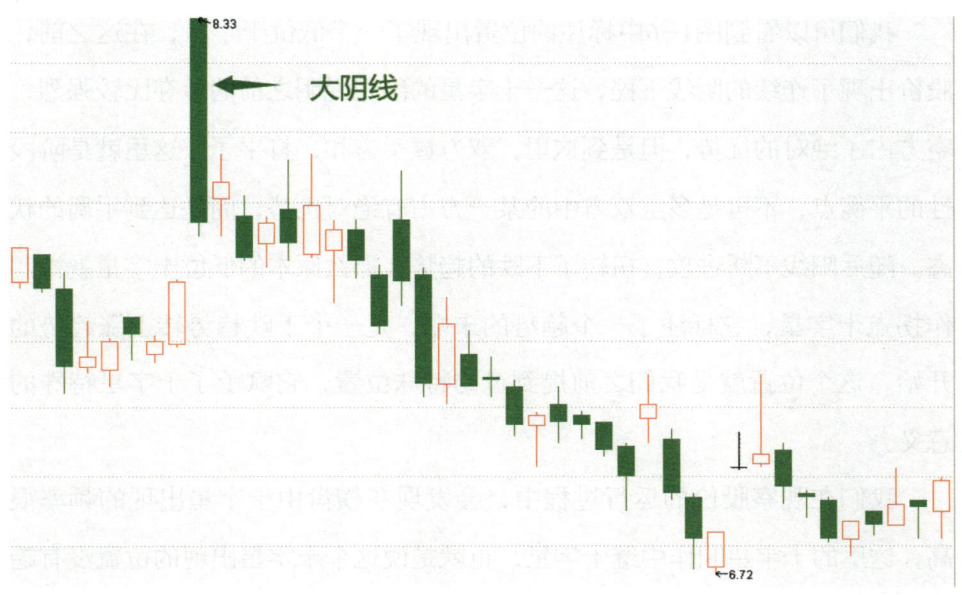

图1-5

(3) 十字星

十字星代表着开盘价和收盘价相同,通常有上下影线且并不大,这意味着经过一天里的反复争斗,最后多方和空方都没有取得胜利,最终握手言和。十字星的上下影线可以为我们提供一些信息:上影线长就说明股价当天冲得比较高,经历了一个冲高回落的过程;下影线长就说明当天跌得比较深,但还有能力拉回来。可以说上下影线的长短表示进攻的激烈程度。在一般的上涨或是下跌趋势中,十字星往往并无特殊意义,只是一种过渡和中继形态,但在某些特殊的位置,则有可能成为趋势强弱的转换点。

我们可以看到图1-6中标注的位置出现了一个低位十字星，在这之前，股价出现了连续的阴线下挫，这一十字星的出现说明之前的争夺比较强烈，空方占了绝对的优势，但是到这里，双方握手言和，打平了。这里就是阶段性的平衡点，不再是多空双方中的某一方占有绝对优势，而是达到平衡的状态。随后阳线不断进攻，扭转了下跌的趋势，那么原本的低位十字星就被叫作拐点十字星，它标注了一个趋势的末端，是一个下跌趋势转上涨趋势的开始，这个位置就是我们之前提到过的特殊位置，它赋予了十字星特殊的意义。

我们在观察股价的运行过程中，会发现在横盘中十字星出现的频率很高，这里的十字星叫作中继十字星，也就是说这个十字星出现的位置没有趋势转折的意味，原来的趋势是什么样子，之后的这段时间还会是什么样子，它只不过是一个无聊的平手阶段，没有什么转折的概念。以图1-7的中继十字星为例，它代表着经过一段时间的上涨之后，多方的进攻势头已经没有之前那么猛了，股价开始进入到一个横盘的状态。横盘状态中，多空双方进攻态势都很缓和，今日多方占优，明日空方占优，但全天的上下波动幅度很小，意味着趋势没有发生变化。中继十字星是比较常见的，所以无论是在指数分析还是个股分析中，大家都会看到很多类似的形态，那我们就要对此做出区分了。需要注意的是，我们单看一根K线，是无法准确做出判断的，大家不要看到十字星，就凭直觉认定它的性质，盲目推测股价后续的变化，我们需要了解K线的组合，同时配合均线和成交量进行判断。

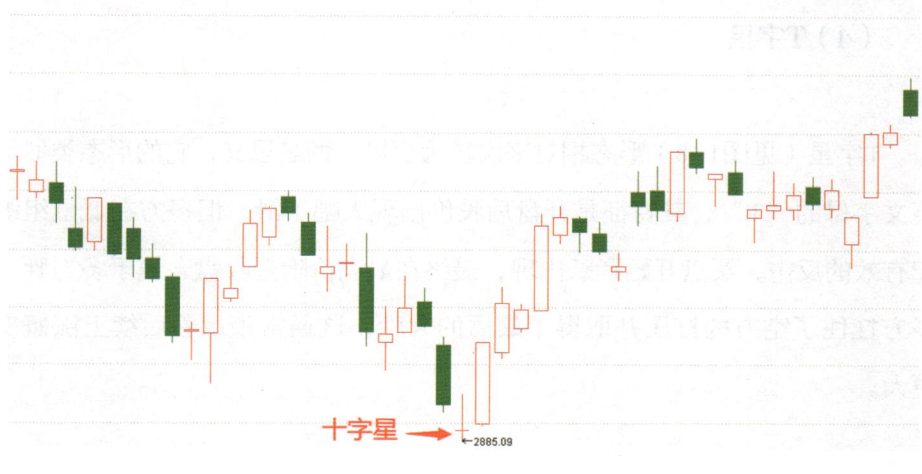

图1-6

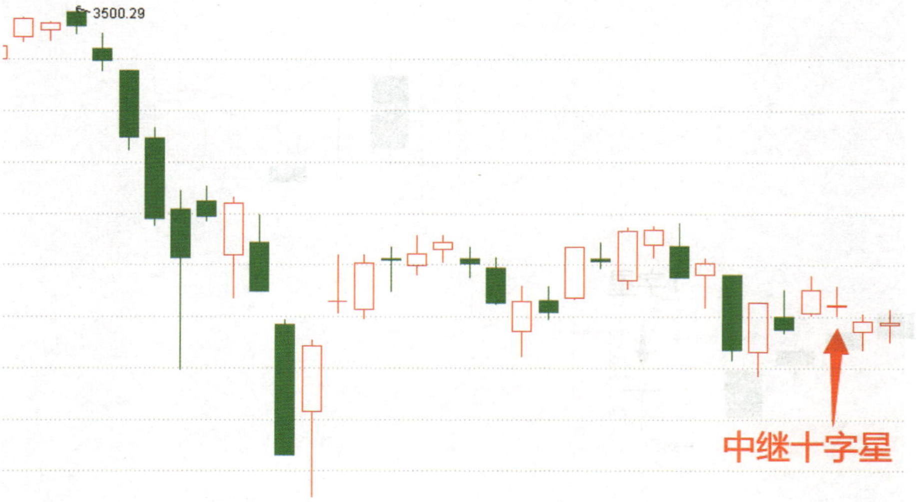

图1-7

（4）T字星

T字星（见图1-8）形态相对来说较为少见，顾名思义，它的形态类似于英文字母的"T"，其特征是开盘后股价出现大幅下滑，但多方在低位组织起有效的反击，买盘开始踊跃出现，最终在最高价附近收盘，属于多方胜。多方扛住了空方的打压并取得了最后的大胜，这通常预示着后续上涨概率更大。

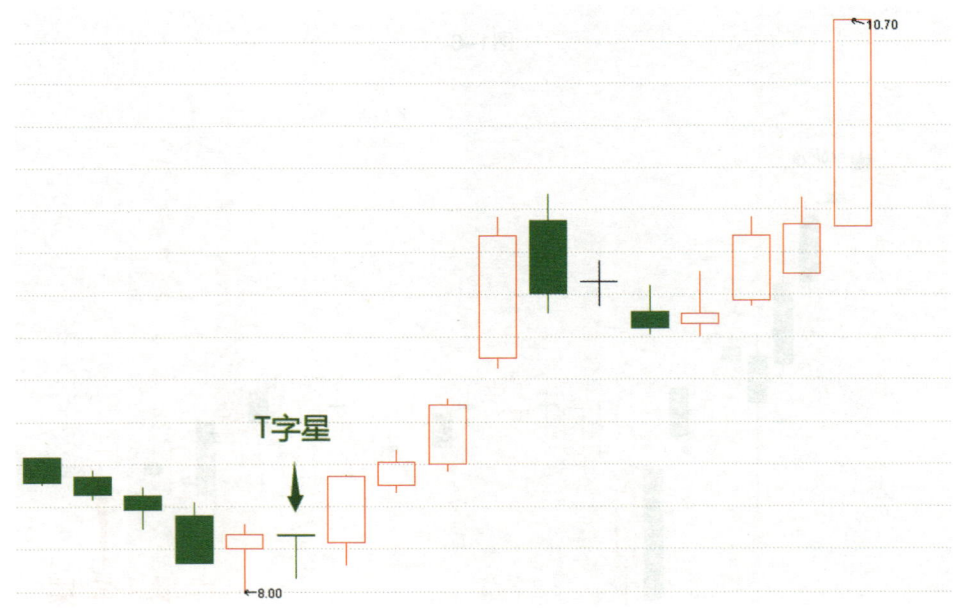

图1-8

一些股民朋友看到股价受到打压，会在股价下挫阶段卖出股票，但一旦看到之后股价的拉升就很后悔,因为后续股价将继续上涨,形成逼空走势,其势头往往也是比较猛烈的,所以说,T字星代表的是进攻意犹未尽。

(5)倒T字星

与T字星相对的是倒T字星(见图1-9),其特征是开盘之后股价向上冲击,但在高位处受到了巨大的阻力,抛压出现,被空方打回原形,最终被逼在开盘价附近收盘,虽然有心杀敌,但已无力回天,通常是弱势的表现。如果倒T字星在下跌途中出现,预示反抗无效,将继续下跌;如果是在连续上涨之后出现,就表示有力竭的可能,有一定概率会转跌。大家对比来看就知道T字星和倒T字星的区别,前者表示后续将继续上涨,后者表示股价不管冲多高,结果却是未能保持住胜果,那么后续抛压会更重,继续向下跌。二者形成了对应关系,一个表示更强,一个表示更弱。在实战的过程中,大家如果看到了类似的形态,那就要多加小心,后续顺势延续趋势的概率会更大,注意不要做反,看到盘中的上冲,就觉得股价反弹,要上涨了,实际上,此时追进很有可能会吃亏;看到股价跌了,就匆忙离场,这可能只是盘中打下影线,结果被一个很小的下影线洗出去了。我们在实操中如果能对这两个形态进行综合的把握,做对了方向,那么这两处也是很好的参与点,可以说这两种形态在实战当中具有独特的地位。

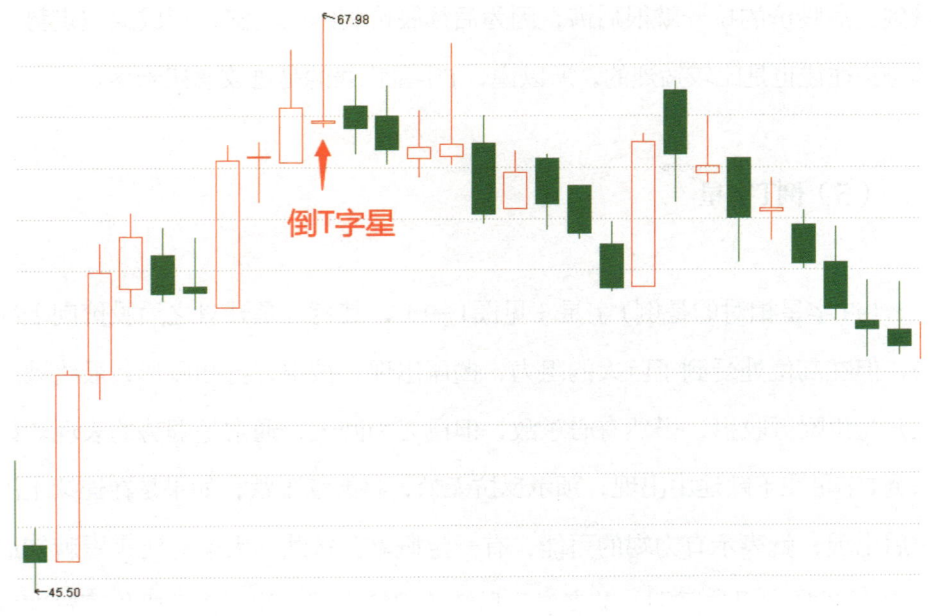

图1-9

（6）一字星

我们通过之前的学习已经知道了K线是由四个价格构成的，而接下来要了解的一字星形态就非常极端，从图1-10中可以看到，它的主要特征是开盘价、收盘价、最高价和最低价都是同一个价格，既没有实体，也没有上下影线，四价合一反映出成交极其清淡。如果是涨停的一字星，则表示愿意卖出的人很少，虽然有大量的资金等待买入，但是大家都很看好它，无人抛售，就会导致它挂在涨停价成交，意味着多方向上进攻的意愿非常强烈，后续将继续上涨。反之，如果是跌停的一字星，则代表着一堆人排队等着卖出，有重大利空，每天挂跌停价卖，但是根本无人接盘，下方的成交量往往非常低迷，表现为一个封死跌停的状态，后续将继续下跌。

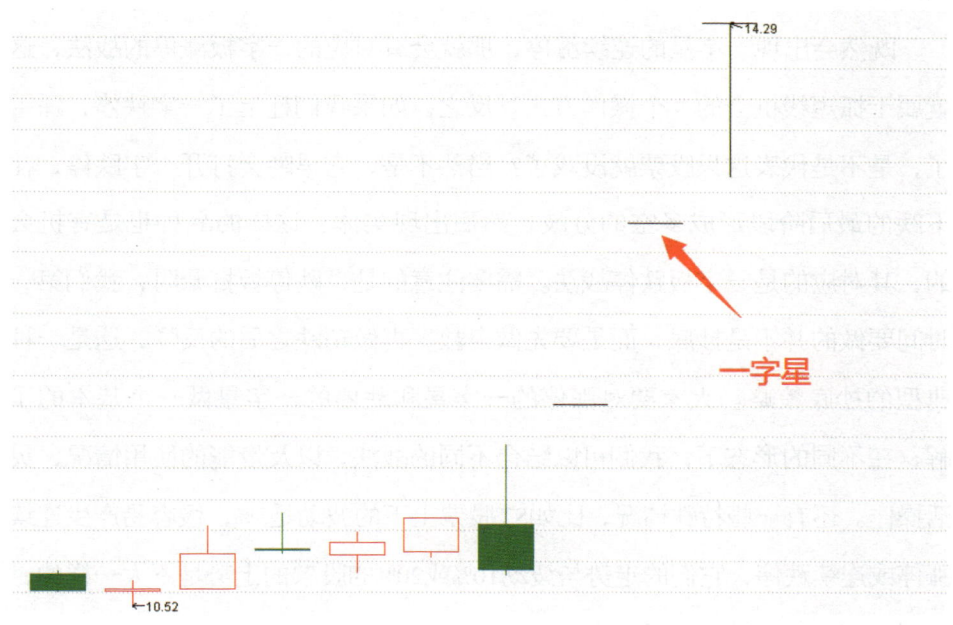

图1-10

不论是涨停的一字星还是跌停的一字星，通常表现出来的都是成交量的低迷，交投非常清淡，成交极其稀少。按照我们传统的分析方式，如果出现了涨停一字星，代表涨升的意愿非常强烈，有大单排队等买，但是未能成交，第二天持续上涨的概率会更大。如果出现跌停一字星，则代表排队挂卖单的人非常多，而没有太大的成交，意味着之后将不断地向下，出现回落，持续下跌的概率更大，它的趋势是层级下跌。这两种一字星都属于推动型，后续都将延续趋势，但我们知道涨停也好，跌停也好，早晚会打开，即使大家持续看好，买的人很多，价格也会有一个天花板，在某个价格将会出现卖出的人，从而打开涨停，跌停也同理。因此在分析的过程中，我们可以结合这两种一字星不同的属性和一些特殊的战法做综合判断。

既然会出现一字星的连续涨停，那就会有对应的一字板涨停的战法，这就属于抓短线机会的一个操作方式。反之，如果我们赶上了一字跌停，踩雷了，是不是代表这只股票就没戏了？当然不是，它早晚会打开一字跌停，在下跌的最后阶段形成多空的分歧，然后出现实体。这样的品种也是有机会的，其对应的是一字板跌停战法。需要注意的是，跌停板打开时，我们第一时间要做的并不是抄底，而是要先做自救，再做超跌之后的反弹，这是一种典型的抄底策略。大家要对涨停的一字星和跌停的一字星做一个基本的了解，在不同的形态下，我们可以结合不同的战法，以及量能的使用情况，灵活操作。还有一些特殊情况，比如ST股票上下的波动是5%，极容易产生连续涨停或连续跌停，它们的走势与波动10%或20%的股票的走势是不太一样的，ST股票自有其特性，我们在面对具体问题时，要具体分析。

我在前文中列举了一些单根K线的基本形态，除了以上提到的形态之外，还有倒锤头、吊颈线等形态，这些形态就不单独为大家讲解了，因为我们只需要掌握K线运行的意义即可。简单总结一下，即收盘的K线代表了全天的争夺结果，包括多方大胜、小胜、平局或是空方大胜、小胜、平局，而上下影线则代表了全天拼杀的精彩程度，如果开盘和收盘价格差别不大，而上下影线也较小，你可以理解为一场无聊的比赛；如果是长阳、长阴或是长上影、长下影，就可分析出当天多空双方中哪一方是优势方，对后续的走势会有指引作用；如果K线实体是根阳线，同时它的上影线也比较长，就说明虽然最终是多方取得的胜利，但是空方并没有被打得毫无还手之力，这是因为盘中价格冲得很高，空方还有力量把价格打回来，意味着空方取得了一个阶段性的成果，这个形态就代表多方的分歧依然是较大的，那我们在次日就要小心一些，虽然多方取胜了，但是有一定的反复、抛压，还是要结合其他情况来看第二天的胜负。

目前，我们已经了解了K线的构成以及一些特殊形态的意义，对K线的学习最终还是要应用到实战中，所以大家可以观察一下今天的大盘或者个股，看K线的状态，得出是多方胜还是空方胜的结论，根据上下影线判断多方和空方的反击力量强弱，以此来预测下一步的变化。独立完成这样的分析后，我们就算踏过了技术分析的第一个门槛，也就是用今天的形态去预测明天的走势。我们不需要第一次就预测成功或者次次都很顺利，只要能坚持一段时间的独立思考，就可以对未来行情的预测越来越顺手。

第三节 两根K线组合

单根K线只是K线分析中最基础的部分，通过前文中的分析，大家应该也能够看出单根K线的弊端，即同一个K线的形态，出现在不同的位置，意义可能会完全不同。这一点大家在实战中会有更强烈的感受，比如简单的十字星有可能是中继形态，没有太大的分析意义，也有可能是强弱转化的转折点，有极重要的分析价值。我之前在讲长阳线时，也说过长阳线之后大概率会延续涨势，这个结论在底部位置更容易得到验证，但是当它出现在某些位置的时候，可能没两天就回落了，这并不能代表我们对长阳的判断是错误的，而是因为单根K线如上所述是存在不足之处的，那要如何解决这一问题呢？这就需要将多根K线做组合应用，不同的位置变化，会形成一些较为特殊的K线组合，通过多根K线的组合形态去判断后续的趋势变化，其准确性可以得到一定的提升。

（1）乌云盖顶

乌云盖顶是最简单的一个K线组合，也是在两根K线的组合中比较常见的一种形态。其形态特征是在经过一波上涨后，出现一根高开低走的阴线，该阴线的收盘价盖过前一日阳线实体的1/2以下，当然这个变化程度并不绝对，大家能看到各种各样的形态，在极端情况下阴线可能会将阳线实体全部吞没。我们可以简单记住这个组合的主体结构是一根阳线加一根阴线，这两根K线根据上下影线的情况会演变出图1-11中的四种组合形式，我们在观察K线形态时，不要在这些细微的地方犹疑，只需关注阳线和阴线的长度、位置即可。这个形态说明了因为上一个交易日股票表现得很好，因此被投资者相当看好，在第二个交易日，早盘继续高开，但是高开之后并没有保持住进攻的优势，反倒回落了下来。乌云盖顶这一名字很贴合它的走势，大家可以想象一下，原本气势如虹的一根阳线，第二天被突然飘来的乌云吞没了一半的形态，这就表示行情趋势可能会在不久后形成转折，需要注意的是突然的冲高回落只能说明可能会形成转折，并不是百分之百形成转折。

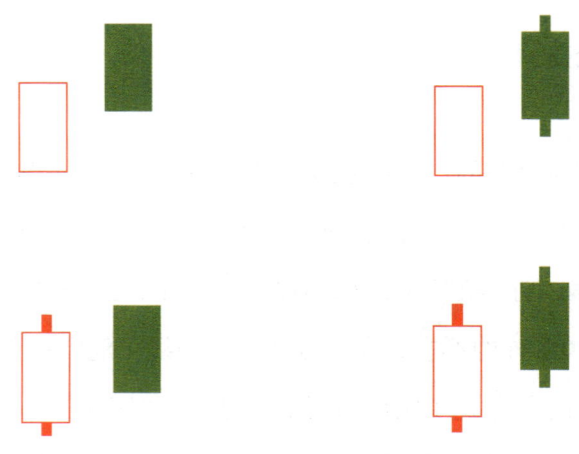

图1-11

我们来看一下实战中的案例。图1-12展示出股价经过一段时间的连续的阳线进攻，涨势非常乐观，在顶部出现了长阳，不过，第二天出现了高开低走，这次回落的幅度非常大，几乎把前一根阳线全吞掉了，但收盘价格依然落在前一根阳线实体内，不是一个完全包容的形态，这种组合就是我们所说的乌云盖顶。

这种K线组合往往是下跌开始的预兆，即在大涨次日，本来多方兴高采烈地高开准备继续进攻，却并没有保住胜利的成果，反而上涨乏力，最后下挫，这就使得前一日买进者由盈转亏，从而导致抛压增大，如果是出现在一波上涨之后，则空方获胜的可能性更大。同时，这样一根长阴线摆在面前，大家对后续的行情就会失去信心，毕竟长阴线本身就是股价下跌的预兆，所以很多套牢盘会出现在这两根剧烈波动的K线中，之后就是股价持续的下挫，在上方累积大量的套牢盘，当日的买进者全部被套。可以说，这是一个典型的顶部特征，所以，凡是在K线图上看到了类似于乌云盖顶的形态，我们应该立刻想到行情走势是偏空的，这一形态对于后续的行情是一种下压的作用。如果这一组合反复出现，那么后续下挫的概率更高。在实战当中，这一组合形态具有很大的分析价值，我们应该加以注意。

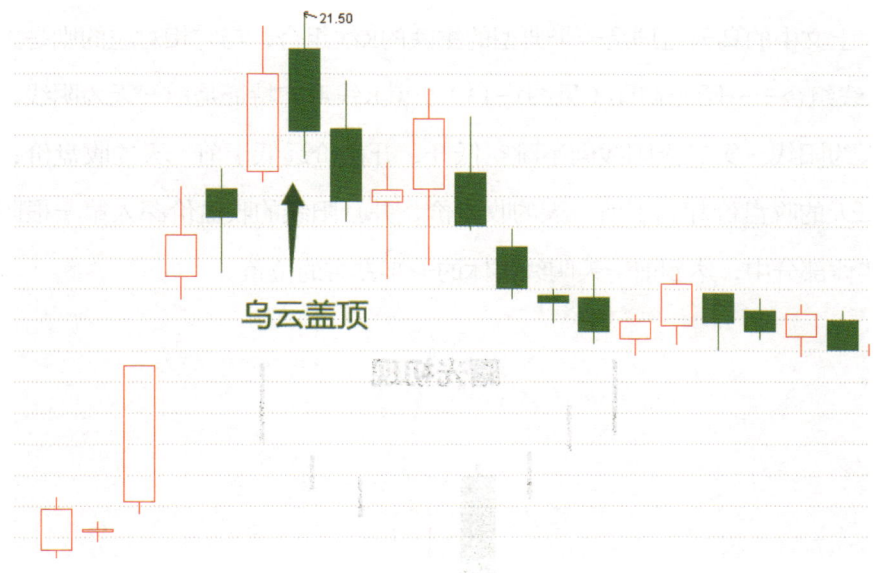

图1-12

为什么我们要对特殊的K线组合进行命名呢？这是因为做技术分析的人大多会对特殊的组合形态格外敏感，比如看到了乌云盖顶，很多人都会认为股价接下来大概率会下跌，也就是说大家会形成一种共识，随即大量的卖出操作就会集中出现，成为向下的推动力。所以，当我们看到类似的K线组合的时候，一定要高度小心。为了加深对其形态的理解，大家可以找出自己所持股票的历史信息，看看乌云盖顶对应的是不是这个阶段的顶部，随后是否出现股价的下跌。如果后续能够放量，再把这个阴线吞掉，这种下跌也有机会化解，不过，这又是另一种变化了。

（2）曙光初现

上文中的乌云盖顶是一个典型的主跌的K线组合，与它相对应的则是主涨的K线组合——曙光初现（见图1-13）。其K线形态特征是前一天为阴线，后一天为阳线。第二天阳线向下跳空低开，开盘价远低于前一天的收盘价；但第二天的收盘价却高于前一天的收盘价，并且阳线的收盘价深入第一根阴线的实体部分中，达到前一天阴线实体的一半左右的位置。

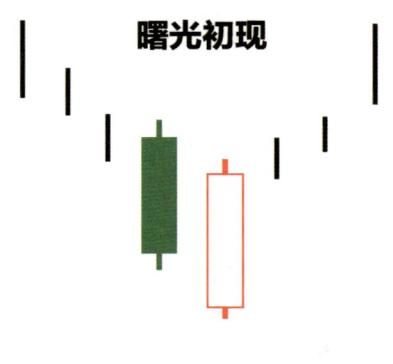

图1-13

这种K线组合代表着在经过一轮下跌之后，投资者看不到上涨的希望，次日低开意味着看空力量较强，甚至有人宁可低位割肉也要出局，但实际的走势并没有延续下跌，反倒是化解了抛压，出现了较为强烈的进攻，多空的力量对比出现了变化。原本空方占据绝对优势，而现在一个像样的阳线出现，意味着多方的进攻力量已经积累到了一定程度，不再是毫无抵抗能力了。如果这种K线组合是出现在连续杀跌之后，则后续上涨的可能性更大，这是因为股价已经达到了超跌，那么短期内一定会出现一个多空的平衡点，这时候加上多方力量的积累，自然会形成一波较为猛烈的上涨。这波上涨很迅速，股价到达高点后，阳线出现了一个较长的上影线，说明经过一段时间的上涨后，空方的力量有所增加，此时股价有很大概率会形成转折。根据K线图，可以看出来这个波段的涨幅不小，所以我们完全可以搏一个短差。

大家在技术分析的过程中也要留意，在超跌之后，有没有出现类似的K线组合，如果出现了图1-14中曙光初现这一形态，我们要有一定的魄力继续持有手中的股票，不要轻易做出割肉的决定。实战中，很多投资者在做出卖出股票的决定时是非理性的，比如在股价下跌到一定程度出现十字星的形态时，一些人觉得可能很快会出现转折，但这时如果再来一根阴线，他们的心理防线就会被打垮，对这只股票彻底失去信心，因而马上进行卖出操作（也即止损），当然很多时候事实证明，这个行为会让他们亏损得更多。

在实战中，我们最为理智的操作是什么呢？第一，尽早判断出股价更大概率的趋势，如果在形态和量能上都出现了预示下跌的信号，我们也应当格外重视，尽早卖出，以防被套得过深。第二，在杀跌的末端，要随时留意是否有转折的信号，一旦有预示转折的K线组合出现，那我们就可以大胆尝试一下搏反弹。总的来说，曙光初现和乌云盖顶形成一对几乎完全对应的K线组合，二者所预示的方向完全相反，前者看涨，后者看跌，它们的准确性还是相对较高的，大家在实际操作中如果看到了，一定要多多注意。

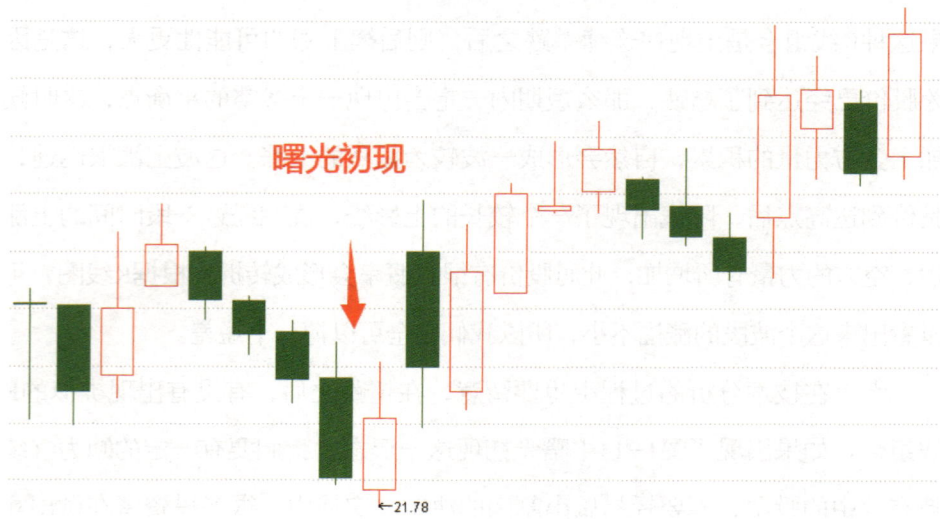

图1-14

第四节　三根K线组合

三根K线组合比两根K线组合又多了一根K线，因此，能观察到的信息就更多、更全面，可靠性也会有所提升，更重要的是三根K线组合有一些出现频率极高的组合形态，当这些约定俗成的K线组合形成后，大家对其的预期趋于一致，无形当中就提升了K线组合的成功率，因此相对更加重要。

（1）红三兵

红三兵（见图1-15）这个组合较为经典，也很常见，其特点是由三根接近等长的K线组成，其中第二根和第三根K线通常是低开高走，开盘价在前一天的K线实体之内，而收盘价通常会创出新高，这一形态对K线的上下影线一般没有要求，不过较短的影线会更加标准，如果影线过长，超过实体长度，准确性将有所降低。

这一组合的名字还是很生动的，首先看前两个字，我们就知道它必须得是由三根阳线组合而成，而这个"兵"字则体现了组合的趋势，这三根K线的涨幅通常不大，是三根连续的小阳线，就如同象棋里的兵卒一样，一步一拱，幅度不大，但是每一步走得都很坚决。这是一种较为特殊的形态，这种形态一般标志着后续将延续上涨的趋势，所以红三兵出现后，对于K线有一点研究和了解的人会一致认为之后大概率还是要上涨的，很自然地就达成了一种共识。

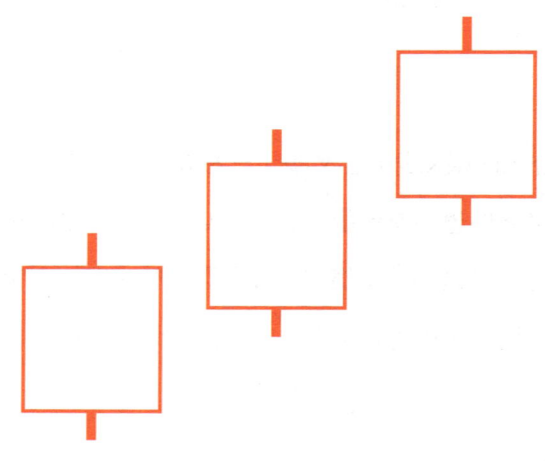

图1-15

我们可以根据上文的讲解找到图1-16中符合红三兵特征的三根K线，虽然第一根阳线上影线较长，但也在合理的范围内，同时在实战中，我们只要求这三根K线在实体长度上大体相似，不做硬性要求，我们主要关注第二、三根K线属不属于低开高走，开盘价在不在前一根阳线实体内，收盘价有没有创新高，这些如果都符合，那就属于我们所说的红三兵，后续上涨的概率更高。

红三兵组合的形成，意味着多方作为进攻方，不慌不忙地取得了控制权：早盘低开，使得一些人犹豫不定，不敢轻举妄动，但股价随后又高走，这情势可以说稍一犹豫就需要追高买入。如此重复两天之后，看多的情绪将越来越浓，早盘买入者就会增多，因为大家会发现，只要敢买，就有收益，即便当天买点不理想，后续随着收盘价创新高都会获利，这样一来，后续的获利在不断地累积，做多的信心也会随之积累，有助于延续涨势。同时，红三兵一般是缓步起涨的标志，并不是一下子进入加速期，从图1-16中我们可以看到红三兵的位置较低，处于一个加速行情刚刚出现的初期阶段，如果能够保持住这一缓慢上涨的状态，那么在之后，就会产生加速。这种稳扎稳打的红三兵，对于我们来说，具有很高的研究价值，但是新手只要记住个股中如果出现了这一K线组合，我们尽量买到它低开的位置就可以了。

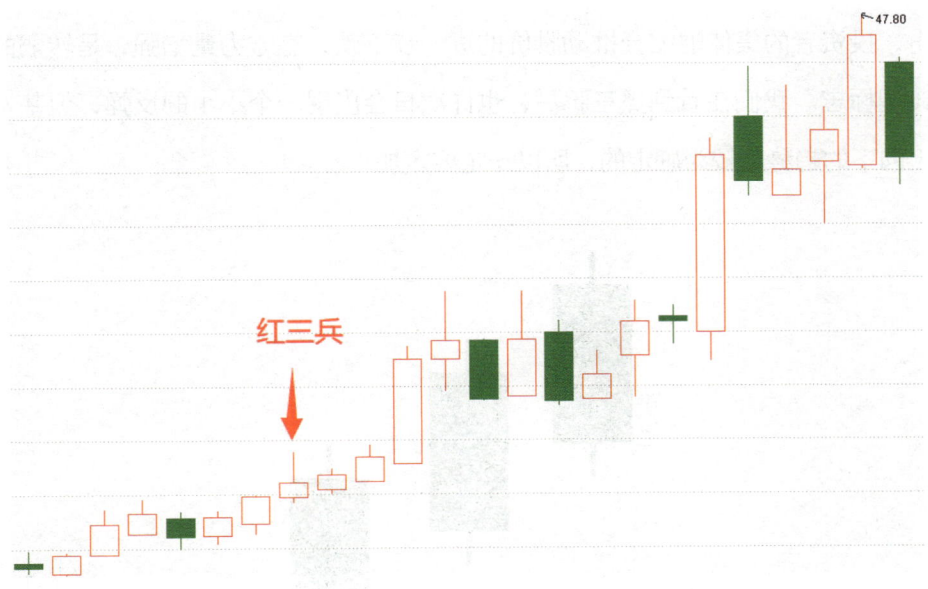

图1-16

（2）黑三鸦

黑三鸦是与红三兵对应的K线组合，从图1-17中可以看出来它和红三兵的结构很像。黑三鸦由三根阴线构成，它的日内跌幅也不大，阴线长度一般较为短小，其中第二根和第三根K线通常是高开低走的，开盘价在前一天K线的实体之内，但收盘价往往创出新低，意味着在下跌次日，多方组织反攻，早盘高开，但是没有能够高走，反倒是再度被空方击败，从而以低点报收，当天看涨的买入者遭受亏损。这样连续几次之后，对买入者会造成极大打击，投资者的集体退缩会推动股价的进一步下跌，空方力量增强，是转弱的典型标志。我们在看到黑三鸦后，也许次日会出现一个小小的反弹，但基本上向下的趋势是较为确定的，所以一定要多加小心。

图1-17

图1-18中，黑三鸦的形态还是比较明显的。在一轮上涨过后，高位出现了连续三天高开低走的阴线，高开的位置都在前一天的K线半分位左右，甚至盘中有较长的上影线，表示仍有进攻的欲望，可惜到收盘时不能保持胜利果实，冲高回落，追高买入者亏损扩大，重心不断下移。但是因为这三根K线的上下影线存在感也比较强，多空双方争斗十分激烈，联系到之前连续上涨的良好势头，一些投资者就会考虑这一阶段可能只是短暂的调整，但我们也要注意此时的抛压还是比较强的，所以大趋势依然是下跌的。当然，在下跌的过程中，也会出现多方的抵抗，形成反复，但是没有改变大势。

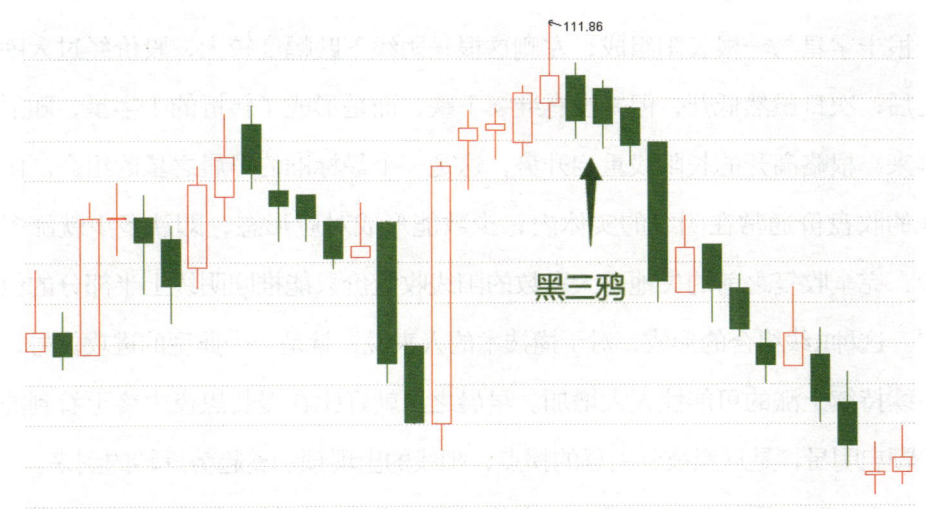

图1-18

如果我们在实战中看到了黑三鸦形态即将形成，最好的做法就是在高点离场，当然可能在第二天我们有了这样的意识，又怕判断失误，造成损失，那我们就再多等一天，等证实这一形态后，可知趋势的转折已成定局，头部见顶的概率增加，此时，我们应果断出手，及时止损。

我们要记住红三兵和黑三鸦虽然形态相近，却是两种完全不同的概念，红三兵的出现意味着起涨，大趋势中可能会出现加速现象；而黑三鸦则意味着下跌推动，套牢盘开始增加，抛压开始增重，未来股价可能会出现重挫，我们应该及时回避。

（3）早晨之星

早晨之星（见图1-19）这一形态很经典，也比较有趣，它由一根长阴、一根十字星与一根长阳组成，左侧这根长阴线下跌幅度较大，股价经过大跌之后，次日虽然低开，但并没有继续下跌，而是形成了转折的十字星，随后再来一根略高开的长阳线重启升势，这是一个最标准的早晨之星的组合。阳线的收盘价通常在阴线的实体内，少数能形成对应形态，即跌多少就涨多少，完全收复之前的失地，大多数的阳线收盘价只能推回阴线上半部分的位置。这种K线组合的形成，对于懂技术的人来说，就是一个典型的进攻信号，后续持续上涨的可能性大大增加。早晨之星就好比在漫长黑夜中终于看到的那颗启明星，是从黑夜到白昼的拐点，阳线的出现预示着趋势反转的到来。

我们可以看一下实战图1-20中的早晨之星如何扭转走势。经过一段时间的连续下挫，股价形势较为惨烈，虽然中间多方有所抵抗，但是在次日还是被打回了原形，最后阶段的单日跌幅甚至有所扩大，出现了一根长阴，有刻意诱空的嫌疑。随后出现的十字星，有转折的意味，代表着多空重新达成平衡，空方不再气势汹汹地向下猛杀，势力逐渐减弱，直至偃旗息鼓。紧接着收出了一根长阳，拐点信号非常明确，这样一根长阳宣告进入进攻状态，重新点燃做多热情，整体的下跌趋势得到扭转，形成一段强有力的短线反弹行情，上涨十分猛烈。如果阳线对应的量能也是配合放大的，那么这一波向上进攻的动能大概率是比较强烈的，图1-20所示范例就是一个典型代表。

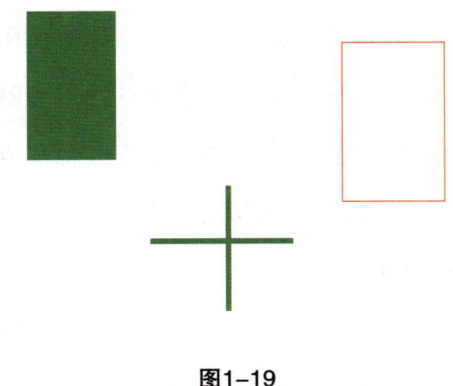

图1-19

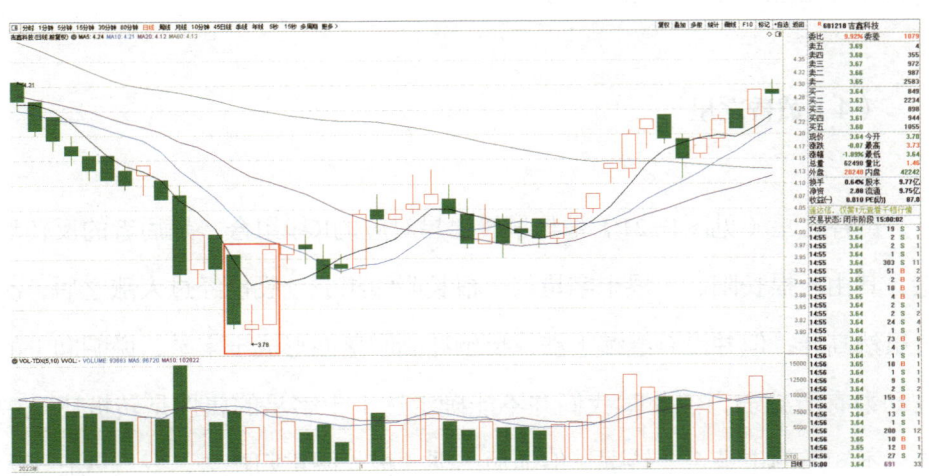

图1-20

当然并不是所有的早晨之星后都会持续发力,有可能后续会是一个缓步进攻的趋势,也有可能经历一个短暂的上升后重回下跌的趋势,但是我们要记住,早晨之星作为拐点的意味是很强烈的,也就是说至少从短线来看,延续上涨趋势的可能性比较大,所以在下跌阶段出现了十字星时,我们就要考虑这个位置会不会形成一个转折点。如果结合其他一些条件,我们认为可能出现转折,但暂时不能确认,那么保守起见,可以等待阳线出现,价格回升后,在当天收盘价前进行加仓操作,借此获得先手。也就是说,我们已经看到当天的价格走势,确认将以较高价格收盘,在收盘前进行买入,我们是不承担当天的风险的,那么次日一旦股价出现上冲,我们可以及时了结,这样一来,会降低我们的操作难度。

总的来说,早晨之星这一形态对后续的上涨是比较有利的,在大盘上有可能会出现类似的状态,我们的指数也有可能会形成类似的组合,这代表了大趋势有完全好转的可能,我们在实战中不要忽略它。

(4) 黄昏之星

黄昏之星(见图1-21)是与早晨之星对应的K线组合,是后者的反转形态,其由一根长阳、一根十字星与一根长阴线组成,股价经过大涨之后,次日虽然高开,但并没有继续上涨,反倒冲高回落而形成十字星,说明向上的推动力有所减弱,但此时我们并不能确定这个十字星的属性是转折还是中继,不知道后市是否会转弱,但随后出现一根长阴重归跌势,我们就有了大概的心理预期。这根阴线的收盘价通常在长阳线的实体以内,少数能走成对应形态，即涨多少就跌多少，完全抹杀之前的涨幅。这种K线组合的形成，对于懂技术的人来说，就是一个典型的转跌信号，后续持续下跌的可能性大大增加。尤其是当十字星的上影线很长时（见图1-22），也就是当天冲击的幅度非常高，而后又被打回原形，说明向上的力量虽然很大，但还是打不过空方，那么后续转跌的可能性也就更大了。在实战中，我们也可以叠加之前所讲的单根K线的技术分析来做出综合判断。

图1-21

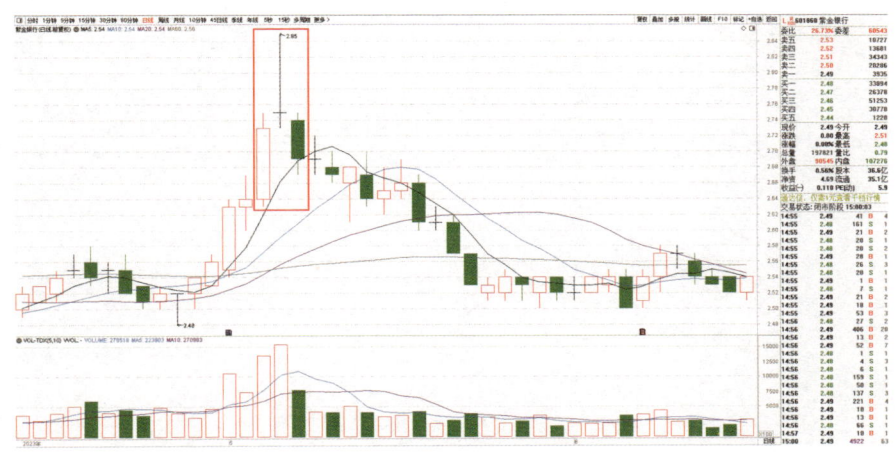

图1-22

黄昏之星和早晨之星的判断方法、意义很像，这里给大家留一个作业，思考一下如何从类似形态推导出股价趋势的变化。

对于投资新人来说，K线学到这里就足够了，如果对它的其他组合形态感兴趣，可以再多做一些了解，但是不要去深入研究。我们在实战当中会用到其他进阶的方法，像价势量的配合、战法的应用，都非常值得大家探索。我们说K线是必学的入门学问，这是因为如果看不懂K线，则进阶方法无一可用，但不管怎么研究K线，它的上限就在那里，大家切记点到为止。

第二章

均线的基础

在上一章K线的学习中，我们知道了K线是以图形的方式展示股票的价格变动的，K线只专注于一个因素——价格，在我们强调过多次的四个价格里，最重要的价格当然是收盘价，它是多空双方争夺一天之后的最终结果，也是均线系统产生的初衷。大家会发现，价格在日内总会出现一些反复，比如有的股票当天盘中冲高，而后回落，下午又再次拉回来，尾盘又有跳水，像这种就属于日内波动较大的情况。如果我们迷失在盘中的上下反复中，那就很难看清大盘的趋势，所以我们会将视线集中到收盘价上，也就是关注当天最终的胜负结果。不过我们在进行更深入分析的时候，可能又会觉得只看收盘价干扰还是很大，此时就需要看到更大的趋势，于是我们就引入了均线系统，忽略当天的其他价格，只看收盘价的同时，用连续不断的收盘价判断趋势，从而抹平日内无意义的价格波动干扰，得出较为准确的趋势判断。均线的原理不难理解，就像我们在海边观察海浪的情况一样，浪潮源源不断，我们无法在近处通过浪潮的大小判断涨退潮的情况，只有在更高更远的地方，才能看到浪潮的边缘是在不断靠近海岸还是远离海岸，确定是涨潮还是退潮，同样地，只有将日内的次级波动撇开，在更长的时间范围内去观察，才可以得到我们想要的答案。

第一节　常用均线

我们打开看盘软件时，看到的主界面中最大的图是K线图（见图2-1），其中的红绿柱一目了然，我们还可以看到图上有一些线条——黑线、蓝线、紫线、灰线等，这些线就叫作均线。多条均线就能构成均线系统，不同的均线在具体使用时，需要结合不同的参数以及位置关系，我们可以据此对大盘做出一个基本的判断。

图2-1

均线的全称是移动平均线（Moving Average），是以道琼斯的"平均成本概念"为理论基础，采用统计学中"移动平均"的原理，将一段时期内的股票价格平均值连成曲线，用来显示股价的历史波动情况，进而反映股价指数未来发展趋势的技术分析方法。移动平均线的英文简称为MA，这也是将其他系统切换为均线系统的方式，我们在看大盘主界面时，不一定要显示均线，可以切换成布林线、多空布林线和指数平均线等，均线系统只不过是我们最常用的一种。

关于均线，我们首先要知道它的计算方式，知道它是怎么得来的。为什么我们要了解均线的原理呢？因为基于均线原理，可以衍生出多种采用不同计算方式的指标，如指数平均线。

简单来说，均线是由各个K线当天运行完的收盘价计算得来的，使用均线的初衷就是为了抹平日内的波动，只将收盘价作为参考，将过去某个时间段的收盘价进行算术平均，借助价格的平均值，抹平分时图上的高低差，只看大趋势，这样我们对趋势的判断会更有效。举例来说，五日均线即将前五个交易日的收盘价相加再除以五，得出一个数值，再以昨日收盘价向前推五个交易日，将这五日的收盘价相加再除以五，计算出另一个数值，将这些数值的点连成线就形成了五日均线，十日均线或二十日均线原理相同，在实战当中交易系统会自动生成均线，投资者只需要选择好适合的参数，知道如何使用即可。

在趋势研判中，我们常用的均线分成不同的时间周期，主要有五日均线、十日均线、二十日均线、三十日均线、六十日均线和一百二十日均线等。均线分类不是一个严格的定义，不同的人会使用不同的均线系统，在实战的过程中，大家会慢慢总结出经验，不论是十六日均线、十八日均线，还是其他均线，只要适合自己就行了。不过在此之前，我们需要先学会看懂默认的均线系统，而后再谈增减根数、更改参数。

五日均线是较为常用的短期均线，通常用来做短线，比较适合打短差做高抛低吸的股民做参考。五日均线可以说是我们做短线最小的周期了，如果再短就没有太大的实际意义了，比如取两日或者三日的平均值，基本上就只是收盘价的连线了，其连线很不圆滑，或者形成跳跃的折线，没有分析价值，对我们的趋势研判自然也没有什么参考意义。

图2-2中的五日均线前期呈明显的下降趋势，代表着短期趋势是走弱的，当五日均线拐头向上，且K线走到了均线上方时，代表趋势好转，这就是短期趋势的变化。

我们在观察趋势时，可以把五日均线当成当天的强支撑，如五日均线一直向上运行，重点关注K线的下影线和收盘价是否在均线的下方，如果是在下方，就说明这个位置是极好的买点，如果上影线冲高，高于均线且偏离过远，则此处是极好的卖点。以这种方式，就可以将我们的交易滚动起来了，比如以两天或几天为一个周期进行滚动交易。这就是均线在极短期的参考意义，也是能够成功实现高抛低吸的一种方式。所以如果大家想要做短线，我建议大家在主界面设定好五日均线，它是我们做短线进出、高抛低吸时的重要依据，在实战中对我们的帮助很大。

图2-2

十日均线是常用的中期均线，较适用于把握中期趋势，比如一周或几周的趋势判断，通常也与五日均线配合使用来观察金叉、死叉，以作为中期入场或离场的依据。十日均线的特点是比五日均线变动得更加平缓。大家会发现，当把均线系统的时间周期设得越长，均线系统就越稳定，其反映在图像上，整体的曲线和波动就越平缓，这也是均线的一大特征。

不管周期是几天，所遵循的不外乎均线常用的使用方法。图2-3中有两条均线，分别是五日均线和十日均线，根据前面提到的均线特征，大家应该可以很轻松地分辨出其中波动较为和缓的这条均线是十日均线。在均线拐头向下的阶段，它会对股价有压制作用，在这个阶段我们适合做卖方，选择相对合适的节点卖出股票。而当它拐头向上，股价就会依托均线向上的趋势展开进攻，这段时间我们就适合做买方。通常情况下，五日均线和十日均线是组合在一起使用的，也就是说，我们可以把它当作一个比较特殊的指标，这个指标下有一个重要的概念——金叉入场，死叉离场。

图2-3

在理解金叉和死叉是什么、怎么用之前，我们需要知道一个很基础的常识，那就是均线设置的时间周期越短，变动就越快，时间周期越长，变动也就越慢，趋势更加稳定，因此在大盘上周期不同的两种均线就会出现交叉。死叉是指短期均线由上向下穿过长期均线形成的交叉点，与此相对的金叉则是短期均线由下向上穿过长期均线形成的交叉点。这两点在图2-4中都做出了标注，大家可以对照图示来进行理解。一般来说，五日均线和十日均线形成死叉，被视为好的离场点，形成金叉之处则为好的入场点，金叉和死叉的用法在以后我们对多根均线进行综合使用时也是同样适用的。

图2-4

在图2-4中，我们对于金叉和死叉的理解得到了充分的证明。黑线和蓝线分别为五日均线和十日均线，大家即使没有看到MA设定的周期，也可以根据其波动情况判断出来哪个周期相对较短，哪个周期相对较长。我用绿色箭头进行标注的位置属于黑线下穿蓝线，也就是我们所定义的死叉，死叉的形成意味着前期一路向上的走势即将出现转折，同时我们可以看到这处死叉对应的都是带着较长上影线的阴线，说明空方的力量较强，进一步佐证了我们的判断，那么在这样的位置，我们还需要纠结吗？当然是要尽快收拾离场，以免被套。同样在我以红色箭头标注的金叉位置，相应的K线则是意味着良好涨势的大阳线，此处则是很好的入场点。可以说金叉和死叉在很多时候都是相当实用的进出场依据，大家在实战当中应灵活运用。

二十日均线的稳定性更强，它也是判断中期趋势时最为常用的一条均线，代表了一个月左右的平均成本情况，有比较强的实战意义。二十日均线是中期均线的一个典型代表，相当于一道分水岭。我们通常将二十日以下的均线看作中期偏短的均线，超过二十日的均线基本就可以归为长期均线了。因为二十日均线的稳定性更加理想，所以在实战中，我们一般将二十日均线当作判断大趋势变化的参考指标。

图2-5中的K线在开始的阶段走出了一轮急跌，这时很多人在出现长阳时就选择了入场抄底，而此时二十日均线并未表现出趋势逆转的信号，股价冲高后回落，接着出现了一段时间的震荡。此时是不是可以进场了呢？我们还是要看二十日均线的情况，如果看到其走势依然是向下的，那么就需要沉住气继续耐心等待。直到我们看到K线站到了均线上方，而均线的走势也慢慢由向下转为平缓，直至向上，即使之后K线偶尔跌至均线下方，依然能快速地调整好状态，重新打回去，没有再重新拐头向下，这样一个以月为单位的中期趋势的好转就代表了大趋势的好转，大家就可以在它形成转折的过程中调配自己的整体仓位。

图2-5

在前期股价急跌的过程中，我们也一样是可以进行一些操作的，比如中间有一天我们看到一根开盘价很低且向上反弹力度较大的阳线，就要考虑一下这根阳线是否有利可图了，如果此时仓位较高，可以适当减仓获利，当然，如果有短线机会，也可以介入，注意控制仓位即可。在中期趋势转好后，虽然股价没什么惊喜，始终在小阴和小阳之间变动，似乎跟之前没什么区别，但是此时我们的仓位可以调得重一些，中间K线可能有几次短暂的跌破均线的经历，甚至会有连续几日下跌的情况，但只要均线走势良好，没有向下的趋势，股价的整体趋势就还是让人满意的，股价在下跌后很快能找回状态，这些阴线所处的阶段性的低点，反倒成为我们的机会，我们可以在这些位置增配自己的仓位。再过一段时间，经过验证，我们发现这几处均线的支撑都是有效的，那很可能就进入了加速期，在这个阶段，二十日均线的斜率会变得更陡，如果我们操作得当，可以在这个阶段取得更大的投资收益。

前文中我们提到，在短期趋势下，会根据五日均线和十日均线形成的金叉和死叉来确认进出场的时间点，站在大趋势的角度，我们需要依靠二十日均线来调配仓位，当然也可以用十日均线和二十日均线形成的金叉和死叉来进行判断。基本原理不变，十日均线下穿二十日均线，意味着行情的转弱，我们要找机会避开下跌；遇到两条均线上下交织，意味不明时，我们也要相对慎重一些；两条均线形成金叉，且方向转为向上，说明了大趋势的好转，这时就可以做好增加仓位的准备，开始入场。除此之外，大家在实战中也可以将二十日均线与其他均线放在一起配合使用。

三十日均线又被称作生命线，指的是它在牛熊转换和大的循环周期中做判断是比较管用的，如果想判断某些前期趋势走得不是很好或者长期缓慢下跌的指数或品种是否符合转强的标准，可以用三十日均线作为筛选条件，通过这样一个筛选机制，我们将运行在均线下方的个股筛掉，可以留下更多的好苗子。而对于个股来说，只有股价运行在这条均线之上时才可称为趋势中期转强，位于线下时虽然也会有反弹行情，但应该注意控制仓位，仓位不能过重，以短线进出为主，可以搏一个短期反弹。股价在三十日均线下运行时，不是没有机会，只是从大趋势来讲不大好。

六十日均线是我们系统中默认的一个长期均线，能够用来明确股价中期反转趋势，我们称之为决策线。突破和跌破该均线代表牛市或熊市的到来，是大趋势发生转折的一个重要指标，能更加清晰地反映大趋势的变化。六十日均线的优势在于既不会过于敏感也不至于过分滞后，有时股价在短期内上上下下，出现剧烈波动，这些波动会在六十日均线上被抹平。长期均线用来判断长期趋势或中期趋势比较有用，不能用来做短线进出的依据。

一年中大概有二百五十个交易日，因此一百二十日均线代表了半年左右的平均成本，它的变动非常缓慢，但是稳定性更佳，趋势一旦形成不容易发生改变，如果是下跌状态，就会是长期的下跌或走平；如果是上涨状态，则是长期的上涨或走平。大趋势很难扭转，主力也很难刻意打压击穿半年线。一百二十日线通常不单独使用，可与其他均线组合成一种特殊的应用，即多头排列或空头排列，以确定长期趋势。

简单来说，我们可以通过长期趋势来判断哪些时候需要减轻仓位，哪些时候需要加重仓位，通过中期趋势来做进场和离场的决策，通过短期趋势来确定是否参与短线进出。在我们的看盘软件中，默认的指标是五日、十日、二十日和六十日均线。每个人的习惯不同，大家可以在默认均线的基础上调整参数，慢慢发展出自己的个性化指标，相信大家在实战中对于到底该用哪种均线，会做出更加合适的选择，构筑更适合自己的均线系统，做到适时适度的灵活调整。

第二节 均线特征

（1）趋势追踪

均线能够抹去次级波动，反映的是大趋势的变化，具有反映股价趋势运行方向的特性，因此其指标可以对股价运行起到趋势跟踪的作用，也许在某一天或者某一时刻，股价的波动会暂时脱离原来的运行趋势，但只要其均线系统没有出现相应的变化，我们就不能肯定地说股价运行趋势出现了转折。

图2-6中是系统默认的四条均线，其中波动较小、走势较为平稳的这条线是六十日均线，我们应牢记它是长期趋势判断的依据，我们可以看到图上有两个阶段的K线都短暂地跌破了六十日均线，但是我们不能凭此认定股价将会下跌，因为这时候的六十日均线既没有转平，也没有转为下行，还是处于平稳上升的状态。以五日均线为例，在做短期趋势追踪时，如果在某一时刻，单日的跌幅比较大，击穿了五日均线，但是次日能够快速收复，且五日均线没有出现大的变动，那么我们认为它的趋势依然是有效的。而如果K线受到重挫的同时，五日均线拐头向下，就说明短期趋势改变了，不过不能推导到长期趋势也发生改变。所以我们在做趋势追踪的时候，以多根K线的配合使用为

最佳，即使短期均线的波动较大，只要长期均线的走势仍然平稳向上，就不会一跌再跌。

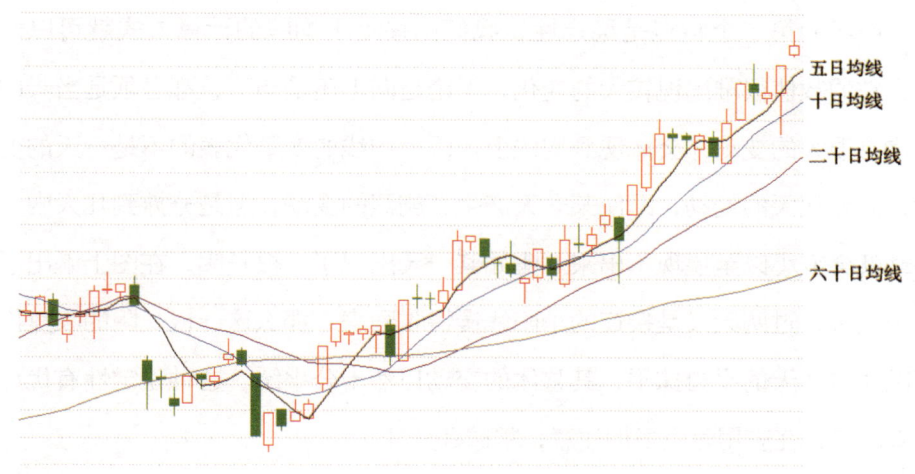

图2-6

中短期均线和长期均线的组合，可以帮助大家更精准地把握趋势，这就是均线的趋势追踪作用，大家在实战中会发现它对于我们判断个股来说是非常有用的。比如当我们看到某只蓝筹股的股价已经跌破了长期均线，会觉得跌得这么重，趋势可能会彻底走坏，因而不敢抄底，这时我们就可以利用均线的追踪作用，等它重新打回长期均线上方，观察均线是否有发生转折，如果有，则视为趋势重新转好，这时候在拐点买入，安全性还是较高的，在很大程度上能够实现安全进场。这类实战中的具体技巧，我们一定要多多学习，从而把握住大的趋势。

（2）稳定性

均线的第二个特点是稳定性，我们由移动平均线的计算方式就可以知道，它的数值很难出现较大的变化，无论是向上还是向下，都必须是当天的价格有很大的变动才会体现到均线上。因为均线的变动代表的不是一天的变动，而是几天的变动，即使某一天产生了剧烈的变动，但是分摊到几天内，变动就会变小以至显现不出来。比如某一天出现了一根长阴，在图上砸出了一个大坑，过两天又是接连的小阳线慢慢收回来，那么这一根长阴的收盘价可以通过几天的平摊抹平，其整体的变动自然十分平缓。这种稳定性有优点也有缺点，在应用时应多加注意，掌握好分寸。

我们看到图2-7中，长期均线始终处于平稳上升的状态，长期均线是股价长期趋势的直观反映，它平滑了短期的价格波动，能够帮助投资者识别市场的整体方向。长期均线能够过滤掉短期的市场噪声（如日内波动或短期回调），帮助投资者避免因情绪化交易而做出错误决策。长期均线具有一定的稳定性，通过设定长期均线作为止损或离场信号，投资者可以在趋势反转时及时退出，降低损失。但是投资者也不能过于依赖长期均线，需要警惕其滞后性和在震荡市中的局限性。正确的方法是结合其他分析工具和市场信息，灵活运用长期均线，以实现更稳健的投资收益。

图2-7

（3）滞后性

均线具有稳定性的同时，就必然具有滞后性。当股价或指数短时间内发生剧烈涨跌时，由于均线稳定性的特点，均线的反应往往过于迟缓，转向速度落后于交易趋势。当股价或指数已经掉头转向时，均线还在沿着原来的方向运行。等到均线发出买卖信号时，股价或指数的涨跌幅度已经很大了，这就是均线滞后的特点。

当我们意识到长期均线开始走坏时，已经偏离最高点一段距离了，那么这段时间我们的资金不仅被占用了，还遭受了折损。既然时间周期越长的均线，反应就越滞后，是不是代表五日均线更好用一点呢？五日均线的稳定性较差，自然滞后性就没那么严重，只看五日均线的话，我们会发现它的变动很快，这时候要不要随着均线的信号进行一些短线操作也成了一个问题。如果我们随势而动，那么可能稍微一洗盘，就跟随着五日均线的做空信号被洗出去了，如果我们看到拐点出现仍按兵不动，那么等到后续出现较大价差时，我们又未必能坐得住。这也正是我们在实战中通常会使用多根均线系统的原因，不同周期的均线具有不同的稳定性和滞后性，将不同均线搭配使用，让我们既可以把握住次级趋势，还可以把握住更大的趋势。稳定性和滞后性就像是一枚硬币的两面，看到任何一面，都要想到另一面的样子。

（4）助涨与助跌性

在股价上涨的阶段，均线会起到助涨的作用。一方面，当股价在均线上方运行时，由于短期的回调，股价回落到均线附近，前期计划在此价位买进而由于种种原因未能成功买进的投资者，便会在此时买进；另一方面，由于均线代表了相应时段的平均成本，股价回调到均线附近时，前期买入的投资者将无利可图，便没有卖出获利了结的冲动，因而减轻了抛出的压力，这两个因素综合起来就形成了典型的助涨作用。我们在均线系统中会发现有一些股票很有规律，在到达某根均线的位置时就会再度起涨，这也是均线助涨作用的体现。

助涨性的另一个表现是股价在上升一段后停止上升，横盘震荡，由于这一阶段在成本附近介入者增多，市场成本上升，均线紧跟着上行，当均线到达股价下方附近时，部分投资者认为整理已比较充分，便会再行买入。在K线图中看起来就像是均线在推着股价上涨。当然不同的品种或同一品种的不同时期，它们的助涨均线是不一样的，比如在图2-8中，我们可以看到，在短期趋势中的助涨均线是五日均线，而在长期趋势中的助涨均线则是二十日均线，所以在不同的时间段内，我们应该选取不同周期的均线用作判断依据。如果某一段K线的上涨依托的是五日均线，而我们选错了对象，依然拿六十日均线对标，想等待K线跌至六十日均线再进行买入，那么我们就会错过很多进场的机会，反之也一样。如果选错了助涨均线，我们就无法依靠均线的助涨性选出最佳进场点。

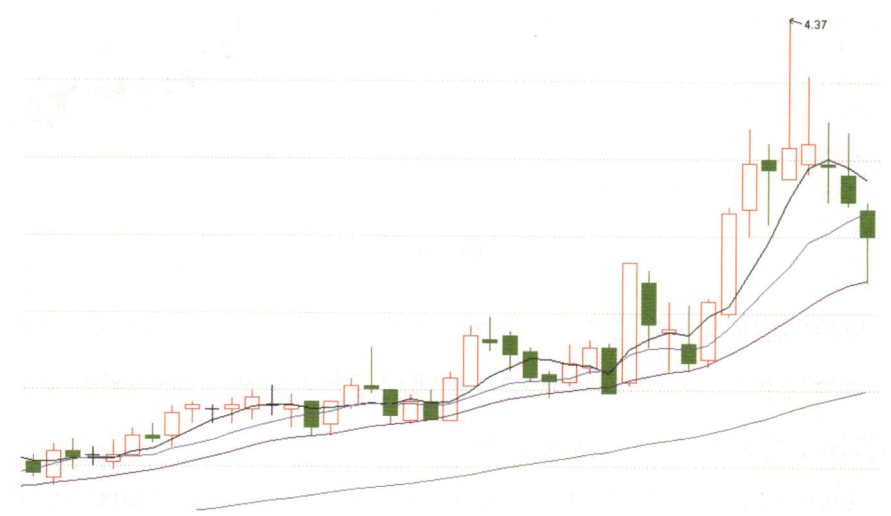

图2-8

如图2-9所示，在股价下跌的阶段，均线会起到助跌的作用。一方面，当股价在均线下方运行时，由于短期的反弹，股价回抽到均线附近，前期抄底买入的短线投资者将会获利了结，进行减仓操作；另一方面，前期计划在此价位抛出，但因种种原因尚未抛出，或未能完全抛出的投资者将趁股价的反弹加速抛出步伐，市场的抛压就会增大，综上两种原因，均线就会产生助跌作用。

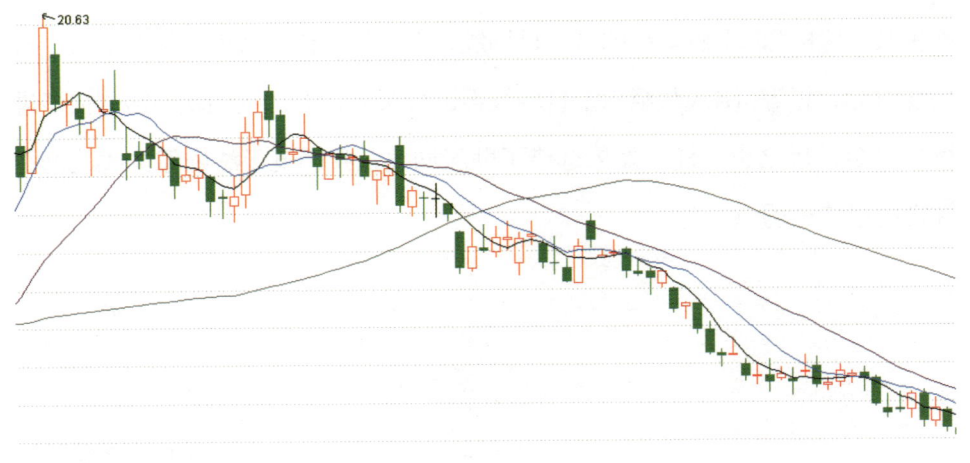

图2-9

供给的增加和需求的减少，会使股价再次下跌，表现出均线的助跌性。这种助跌性在多根均线运行趋势向下时表现得尤为突出，比如均线呈空头排列的时候，它的助跌效应是最明显的。

大家在实战中要善用均线的助涨和助跌作用，比如在短期超跌比较严重的时候，是不是等反弹到均线我们再减仓呢？等到股价遇阻回落验证助跌性的时候再减，我们就可以减亏，等到股价回踩到均线的时候我们再买，就可以买得更加便宜，这也是均线在实战的过程中的一些具体的使用方法，大家要充分理解好助涨和助跌的原因和意义，再去应用。

（5）支撑与压力性

受利空信息的影响股价下跌，当跌至某一价位时，做多头的投资者认为有利可图，于是大量买进股票，使股价不再下跌，甚至出现回升趋势，我们称这一过程中股价下跌时未破的关卡为支撑线，它起到强支撑的作用。在股市中，我们常常会听到有人说某只股票达到强支撑了或二十日线是强支撑之类的话，这些其实就是在说均线的支撑作用。

与支撑线相对应的是压力线，也称为阻力线。当股价上涨到某价位附近时，股价会停止上涨，甚至回落，这是因为空方在此大量抛出股票，这个起着阻止或暂时阻止股价继续上升的关卡就是压力线所在的位置。压力线起阻止股价继续上升的作用，为投资者标识出阻力区域。

在实际操作过程中，我们应该如何使用它们呢？大家会发现在一个大的趋势变动的时候，我们可以调整均线系统，不断地尝试各条均线与股价的接触情况，以确定支撑线或压力线。比如我们将某一均线看作支撑线，但是股价总会跌"漏"一点点，或者差一点点打到均线，那我们就可以适当调整一下指标参数了，经过几次调整，我们可以找到更加合适的支撑线。

以上就是均线的五个特征，在掌握了均线特征的基础上，我们就可以对均线系统做出更好的分析了。因为每条均线的滞后性不同，所以均线出现交织的情况是很常见的，均线如果产生交叉，意味着趋势的不明朗，此时我们可以参考周期相对较长的均线，把握住大的趋势。经过一段时间的横盘后，均线的排列一般会非常有规律，如果形成了多头排列，说明其稳定性大大增强，代表了对上涨的支持，它就像一条跑道一样支撑股票上行，我们不能忽视它背后隐藏的助涨性。如果我们发现某个位置的股价把当前系统上所有均线都打穿了，我们就可以调整指标参数，增加一根新的强支撑的均线，如果数个低点落到了同一根均线，那么它的支撑作用会更加清晰。实战中的情况会更加复杂多变，在考虑到均线的各个特征时，我们的重点应适当调整，随机应变，灵活应对。

第三节　均线使用法则

在均线使用当中，公认的最经典的均线理论当属均线八法则，包括四买法和四卖法，由美国人格兰维尔创造（见图2-10）。

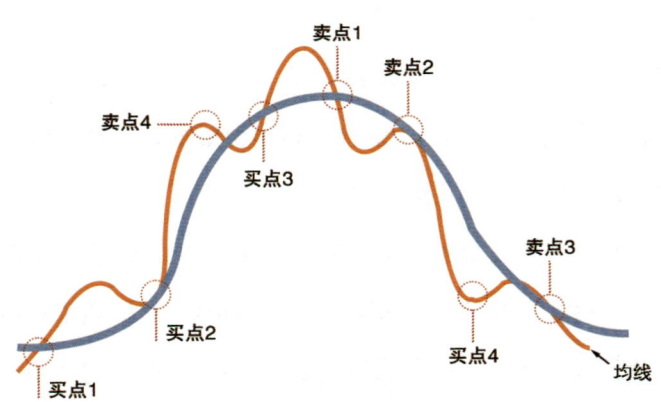

图2-10

一买：均线经过一段下跌之后，由下降转平并且有拐头向上的迹象，而股价也转为上升，并自下方突破了均线，这是第一种买进信号。

如果一个品种长期下跌，股价自然会在均线的下方，等到均线转平，不再下跌，股价就会站到均线的上方，这个时候就是典型的第一买点，也被称为黄金交叉的第一个买点。

二买：股价运行在均线之上，向下出现回踩下跌，但并未跌破均线，且重新拐头上行，这是第二种买进信号，我们把它叫作第二买点。

结合图示可以看到，股价回踩到均线上的点位时，均线本身没有转平或向下，依然保持着上扬的势头，那么当股价接触到均线，得到强支撑，就视为第二买点。在这个位置，我们买进的原因，就是看到了均线的支撑性，股价回踩而不破，反倒验证了支撑的有效性，那么后续依然会有一波新的上涨行情。

三买：股价运行在均线之上，向下出现回踩下跌，跌破均线，击穿了均线的支撑，但此时均线仍然表现为上行趋势，股价会重新向均线靠拢，并且再度回到均线之上，这是第三种买进信号。

四买：股价在均线下运行，突然之间出现暴跌，偏离均线过远，极有可能向均线靠拢，这是第四种买进信号。

前三个买点都发生在均线上行的阶段，均线上行代表中期趋势和长期趋势是好转的，支撑着股价上行。第四个买点则出现在均线下行的过程中，通常情况下，我们会避免在这一阶段买进，能够成为重要的买点之一主要是因为股价的暴跌，这意味着其乖离率较大，会有很大可能向均线靠拢，从而产生我们想要看到的价差，出现超跌时，就会形成我们的第四买点。如果我们能抓好这一买点，可以减少我们的亏损，做出下跌波段熊市当中的抄底操作。

我们可以对这四个买点做出总结：如果均线在一路下行后于某一天走平了，并且此时K线站到了均线上，此处就是第一买点。如果股价回踩不破确认了均线支撑的有效性，此处是第二买点。股价偏离均线一定时间后，向下跌破均线的支撑，此时如果均线系统依然向上，即为第三买点。均线走坏，大趋势下跌得较为惨烈，股价离均线过远，乖离过大时，存在第四买点。

以上就是经典的四买法，我们来看一下对应的四卖。

一卖：均线经过一段上涨之后，由上升转为走平并且有拐头向下的迹象，而此时股价也转为下行，并自上方跌破了均线，我们将其归为死亡交叉，这是第一种卖出信号。

二卖：股价运行在均线之下，向上出现反弹上涨，但是并未突破均线，且重新拐头下行，这是第二种卖出信号。

三卖：股价运行在均线之下，向上出现反弹上涨，已经突破均线，却没能成功站到均线上方，也不能改变均线下行的趋势，很快又回到了均线下方，这样的小幅突破被视为一个卖点，这是第三种卖出信号。

四卖：股价在均线上运行，突然之间出现大涨，偏离均线过远，极有可能向均线靠拢，这是第四种卖出信号。

四买和四卖几乎可以相对来看，对于进出场最佳时机的判断，是基于股价与均线的关系作出的，大家在实战中会经常用到这些法则。当然最好能增加一些其他的变量作为参考，如配合成交量来使用，能够使我们的准确性和成功率大大提升。

以图2-11为例，我们来看一下实战中怎么确定买点和卖点。

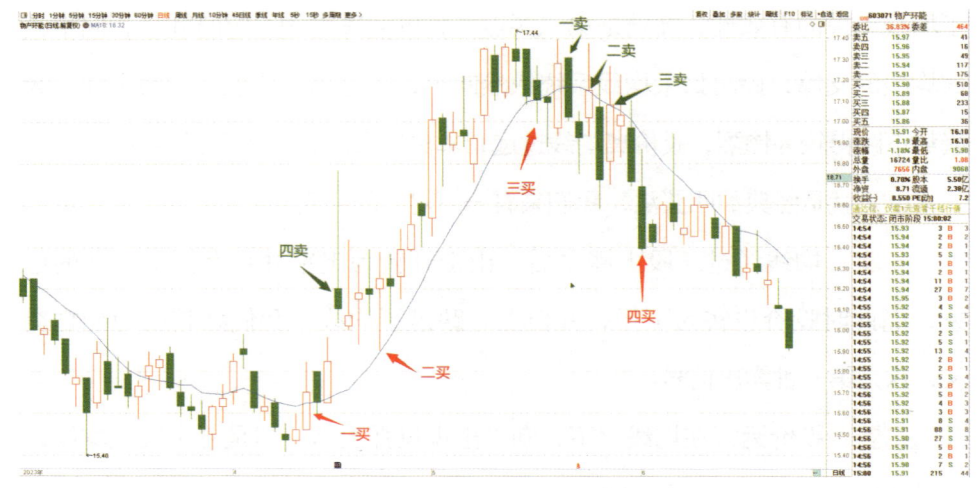

图2-11

首先能看到均线在前期呈现出一段很长的下行趋势，股价也长期处于均线下方，突然有一天，股价开始上涨，成功越过均线系统，而且均线由下行转为走平，有向上拐头的意思，那么我们视这个位置为一买。当它突破均线后，趋势出现了好转，不再是下行趋势，上涨一定高度后，又向下回踩到均线，踩得非常标准，完全不跌穿均线，我们视此处为二买。股价反身继续向上运行，偶尔会出现跌破均线系统的情况，但是均线系统本身还是强支撑，没有出现太大的问题，则我们将这个位置视为三买，需要注意的是我们不要求一定是下影线的跌破，在实战中可能是K线实体直接穿过均线，在盘中击穿，收盘价又站回了均线上方，虽然没那么标准，我们依然视其为三买的信号。四买的位置则要在下跌的过程中寻找，我们要关注那些偏离均线过远的地方，当然如果不结合其他信息，我们是很难做出完美的抄底的。

不管股票的走势有多乐观，总有一天会有大趋势的下跌，三个卖点也由此而来。图2-11中均线一路上行，在均线拐头向下的位置附近，股价会跌破均线，此时即视为一卖。我们要知道均线或多或少都会存在一定的滞后性，当均线已经转为下行时，股价只会下挫得更加严重，而后股价出现了反弹，达到了均线，但是受到了均线的反压，不能站住脚，并且均线依然是下行状态，那么这类位置即可视为二卖。随后股价突破均线反压，成功站到了均线上方，而均线只是转平，没有上升的迹象，那么股价经过短暂的上扬后大概率还会下跌，此处即三卖。四卖与四买相对应，在左侧均线的上升阶段，当股价与均线之间存在较大价差时，意味着这里较大概率会回踩，是一个很重要卖点。

在实际应用过程中，我们要注意选取合适的原始均线，即不同品种所关联的最重要均线是不相同的，甚至同一品种的不同时期，最重要的均线也是不相同的。比如在缓步上涨期，K线可能在沿着二十日均线走，而到了走得比较陡峭的阶段，它可能又变成沿着十日均线在走，我们如果选到了并不合适的均线，那么均线使用法则可能就意义不大了，还会影响我们的判断。那么什么样的均线是最合适的呢？大家可以参考我用以举例子的图2-10中的那根均线，K线和均线的走势有很高的贴合度，均线的支撑线和压力性有很好的体现。很多人在学过了均线法则后却在实战中屡屡做出错误的判断，其出错的原因有可能是选择错了均线，也有可能是单一均线本身的不足。如果只看某一根均线和K线的位置关系，也会有不足。比如我们看到五天均线已经拐头向上，K线也站到了这条均线的上方，根据均线法则我们判断这里是个很好的买点，但是，我们很有可能忽视了上方十日均线下行形成的反压力量，也就是说，其实十天均线本身并没有给出买进的信号，这样看来我们的判断显然是不充分的，那么这个时候就要引入多根均线的组合使用了，通过多根不同的均线以及K线的位置关系做出综合的判断。

通常情况下交易界面当中默认的均线为五日、十日、二十日和六十日均线，这是最常见的均线系统，当然我们个人在使用均线系统时也可以根据各自习惯和偏好增加均线的数量，比如一百二十日、二百五十日均线，也可以减少均线的数量，比如做短线时，只看五日均线和十日均线，或者可以看一些并不常见的特殊均线，比如六日、十八日、三十二日均线等，这些调整都属于均线的进阶使用，也是相当具有个人特色的均线系统。建议投资者在入门阶段不必追求特殊的均线系统，还是以最常见的五日、十日、二十日和六十日均线为默认系统即可。在均线法则实际使用的过程中，我们要判断好这些均线之间的相互关系，同时结合均线的金叉和死叉，这样一来，我们在买进和卖出的时候就可以做到具有一定的依据，判断的准确性就会大大提高，避免盲目的投机行为。

参数设置的具体方法如下：在需要调整均线系统的指标参数时，可鼠标单击选中任意一根均线，此时均线上表现出一系列连续的黑点，即表示已经选中，再点击鼠标右键，选择调整指标参数，即出现一个可以调整数值的对话框，其中的数值可自由调整，不需要某根均线时，可以将其设置为0，设置完成后点击右下的关闭即可。

现在，大家应该对格兰维尔的均线法则已经有了初步的了解，不妨尝试着在自己的股票当中应用一番，不用做到一击即中，次次买卖都完美，只要在一次次的应用中，将这些法则融进自己的交易习惯中，最终它们就可以以潜意识的形式提高你进出场的成功率。

第四节　均线常见的图形及术语

（1）多头排列

均线的多头排列就是指K线在上，向下依次为短期、中期、长期均线，说明过去的买入成本低，以往介入者大都有不错的收益，很多人都盯着股价，稍有下跌就会加仓，这时股价运行趋势向好，是典型的走强信号，也是做多的信号。

通过之前的学习，我们知道K线整体运行在均线系统上方时，均线的支撑是良好的，K线每次回踩均线都会得到强支撑，稍微跌破一点也没有关系，还会重新向上，所以当均线出现类似图2-12的多头排列时，往往预示着这一品种上涨的时间和高度都比较可观。我们在多头排列的初期和中期，可积极做多，在其后期应谨慎做多。

图2-12

（2）空头排列

均线的空头排列就是指K线在下，向上依次为短期、中期、长期均线，说明过去的买入成本高，以往介入者大都有严重亏损，股价稍微向上反弹一点点，前期的套牢盘就开始卖了，这就表示股价向下的推动力不会减弱，运行趋势向坏，是典型的走弱信号，也是做空的信号。图2-13中K线上方的四条均线，一层一层形成反压，我们把这样的走势叫作一步一坎，即使站上了五日均线，还有十日均线的反压力量，站上了十日均线，还有二十日均线等着。所以，如果均线系统已经形成了空头排列，想让趋势一次性好转或者走出绝佳的位置性反转非常困难，往往需要先拉平均线，从空头排列转为上下反复交织的走平状态，然后再变成一个多头排列，也就是要经历一个较长的周期均线系统才能得到修复。所以在实战中，如果大家发现自己手中的品种的均线系统出现了空头排列的情况，一定要格外谨慎，我们可以把空头排列下任何一个向上反弹的机会视为逃命点。

图2-13

在空头排列形成的初期阶段，几条均线呈现出黏合焦灼的状态，此时如果出现一根长阴跌破多条均线，我们管它叫作"断头铡刀"的走势，宣告着趋势的走坏，对于整体走势的杀伤性是非常强的。同理，如果在几根交织反复的均线上出现一根长阳突破了多根均线的压制，这个启动点的信号也会非常强烈，这些原本黏合在一起的均线很有可能会有形成多头排列的走势，这个突破的点位就是一个非常好的买进点。均线的多头排列和空头排列是我们判断拐点的很重要的一个技巧，我们可以将其看作进场点和离场点的判断依据，在实战中要加以充分利用。

（3）黄金交叉

我们在之前的章节中已经提到过金叉和死叉，这是我们在讨论均线时不可避免会提到的两个专业术语，当然除了均线系统，在其他场合也可能用到这两个指标，下面我们来对金叉和死叉做一些更深入的了解。

金叉是指两根均线发生交叉，短期均线向上突破长期均线，是典型的看涨信号，后市继续上涨的概率较高（见图2-14）。如果是中期均线突破长期均线而形成的金叉，则表示中期或长期有一波上涨行情。金叉处的开口角度越大，其看涨信号就越强烈。

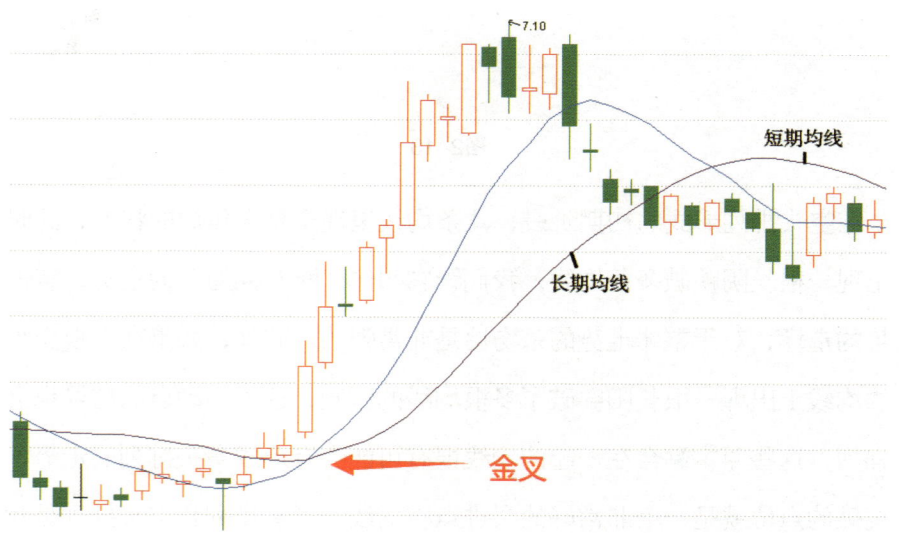

图2-14

如果我们看到的是十日均线和二十日均线发生的金叉，即一个中期均线发生的交叉，则其上涨的持续性就会更长。如果是二十日均线和六十日均线出现金叉，这代表长期趋势好转的迹象会更加明显。如果是五日均线和十日均线出现金叉，作为最短的均线系统，起涨的信号会弱一些，表示这是一个短线的行情。

上面我们说的是依据产生交叉的两条均线的属性对均线趋势时间上的判断，而后续走势是缓涨还是急拉，则要看交叉角度来进行判断，大家知道长期均线变动一定是缓的，短期均线一定是比较陡的，假如我们看到的形成交叉的两条均线中，长期均线走平，短期均线急转直上，此处开口的角度非常大，那么就表示短期上涨的速度非常快或者说看涨的信号非常强烈，与此相对的是平缓的长期均线和贴着它走的短期均线所形成的交叉，意味着短期上涨的速度较慢或者说看涨的信号较弱。其实原理很简单，交叉的开口越大，就说明短期均线越陡，短线支撑会更强烈，也就是说K线基本上是沿着上方的均线走，短期支撑有效性提升，不容易触及下方的长期均线，是一个短线加速的信号。所以我们来观察交叉的角度就可以对本次上涨的幅度以及速度做出一个基本的评估。同理，当我们需要在几个不同的品种中间做出选择时，应当尽量去做开口角度更大的，因为其进攻的意愿会更强烈，这也就是我们所说的优化条件。

我们在实际的操作过程中，如果看到均线形成比较陡峭的向上的运行情况，应尽量选取短期均线作为强支撑，一旦发现K线回踩短期均线就要小心了，因为涨速过快，偏离均线过远，这时候的回踩就可能导致回落的幅度非常大。在前文对四买四卖的讲解中曾提到过将偏离均线视为一个典型的卖点，可以说我们所有的判断依据、操作依据都要结合形态的判断、买卖点的把握，从而去寻找到一个比较好的进出场的位置。

（4）死亡交叉

死叉是指两根均线发生交叉，短期均线向下跌破长期均线，是典型的看跌信号，后市继续下跌的概率较高。如果是中期均线跌破长期均线而形成的死叉，则表示中期或长期有一波下跌行情。死叉处的开口角度越大，其看跌信号就越强烈。

很明显，死叉的定义跟金叉的定义是相对应的，所以我们理解起来也会更加容易。以图2-15为例，两条均线原本都处于上涨的状态，股价依靠两条均线的支撑，在均线系统之上呈现出一个非常好的运行情况，到了股价跌破短期均线，均线形成交叉之前，还是有望回升的，可能只是一个短暂的下挫，而后短期均线趋势转坏，跌穿长期均线，看到这一交叉的形成，我们就可以放弃幻想了。原因有三：第一是短期均线的下跌，第二是股价持续走在均线下方，第三是长期均线的走平。综上所述，股价想要向上反弹，所面对的均线的反压力量是很强烈的。如果死叉形成于五日均线和十日均线之间，则是一个短期的看空信号。如果死叉形成于二十日均线和六十日均线之间，则是一个长期的看跌信号了，因为均线系统的变动本身就比较缓，在这一基础上形成的向下的交叉，做空的力量会比较强。

第二章 071
均线的基础

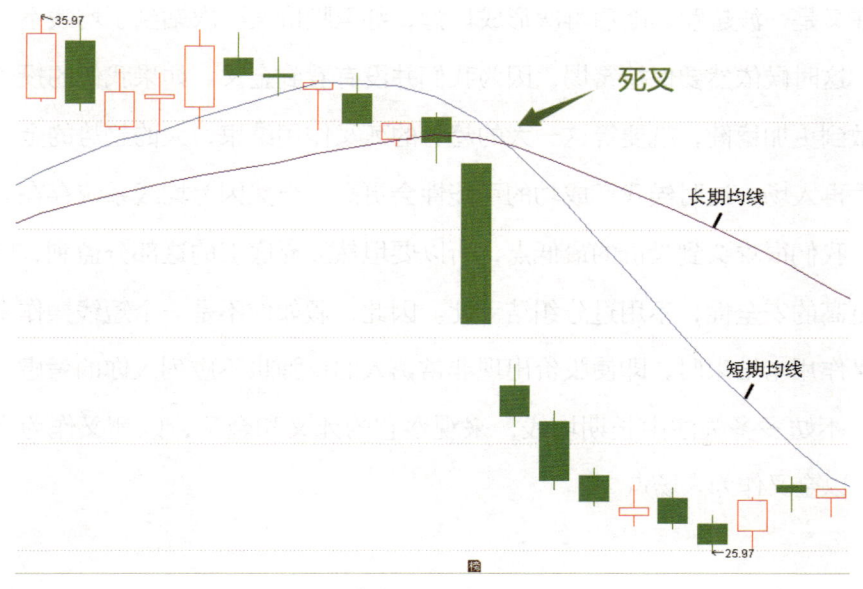

图2-15

形成死叉后,我们要继续判断这波下跌是缓和的还是急剧的,以寻找合适的逃命机会。同金叉一样,其判断的依据还是交叉开口的大小,如果较缓和的长期均线与较陡峭的短期均线形成开口较大的死叉,说明这波不是一般的下跌,短期杀跌的动能极大,对股价的压制作用非常强烈。短期均线的下跌是趋缓的,开口的角度相对来说较为适中,对后续下跌的推动力则不会过大。我们也许会看到经过一段时间的超跌,股价确实逐渐反弹,甚至形成了一根长阳线,很多人会在这个位置被骗,以为这是下跌即将结束的信号,但此时买进,迎来的是后来持续的创新低,我们不要忘了此时两条均线并未形成金叉,仍然是下跌的行情,一直存在均线对股价的压制作用,所以出现死叉后,只要均线系统没有出现金叉,我们都要保持谨慎,慎重抄底。再往后也许又是一波超跌，随后再次形成反弹，甚至股价又一次站到了均线系统上方，这时候依然要保持警惕，因为我们并没有看到金叉。如果我们的投资想要做到更加稳健，就要等这一大的趋势的死叉作用结束，大的趋势的金叉形成后再入场，这时候我们成功的可能性会更高。当然因为均线系统存在滞后性，我们很难买到股价的最低点，所以要坦然放弃底部的这部分盈利，以换取更高的安全性，不用过分纠结于此。因此，假如你不是一个短线操作者，死叉作用未结束时，即使股价出现非常诱人的反弹也不应列入你的考虑范围内，不妨多多关注中长期均线，来观察它的死叉和金叉，以死叉作为离场点，以金叉作为入场点。

以上即为均线的入门基础，也是趋势判断中的重要环节，一些基础概念比如金叉、死叉等也会出现在其他的指标使用当中，掌握到了这一步，再配合K线的图形分析和位置分析，在技术分析这一环节，就可算得上是登堂入室了。在实战当中我们还是要结合个股多看多练，逐渐累积经验，慢慢摸索，找到适合自己的最优系统，让这些理论知识在实战中得到升华，从而达到进退有据的目的，避免犯一些低级的错误。

第三章

成交量的技巧

在投资领域,很多人都听过一句话,叫作"量在价先",在我看来,这句话捅破了市场中的一些规则,也是我们在借助成交量做交易时的一个核心逻辑,而对此能够深刻理解的投资者却并不多。举个例子,如果问你手中股票当日的涨跌,大部分人都能立刻回答出来,甚至会精确到最高价和最低价,但如果追问一下成交量是多少,有没有出现异常的量能变化,则不少人会卡壳,能留意量能是稍有放大还是稍有缩减就已经很不错了,这说明在实战中很多人并没有将成交量放在一个相当重要的位置,没有把它当作一个重要的技术分析理论。因此,我单独将成交量拿出来做详细的讲解,让大家了解在成交量的使用中应当注意的问题,为我们的投资保驾护航。

我们如果在市场中看到了足够多的交易行为,就能够注意到股价的涨跌往往会影响操作者的情绪。当某个品种的股价跌得比较惨时,很多人是不敢买的,反倒在大涨拉直线时,很多人都会追高买入,越涨越敢追,就是因为担心不买就买不到了,期待明天能有更大的涨幅;同理,下跌时也是如此,一个重挫出现,很多人选择恐慌性割肉,回头看时,真的是割到了"地板"上。如何能不被这种追涨杀跌的情绪干扰我们的操作?方法就是在买进卖出时叠加上成交量的配合情况。也就是说,当我们想追涨的时候要叠加成交量这一指标加以观察,在价格拉直线的时候,一定要看量能是否配合,如果发现在涨升的过程中,成交量配合严重不足,我们就应该考虑骗盘的可能性。

大家可以回忆一下，之前有没有出现类似的问题。同理在下跌的过程中，如果砸得特别惨烈，这时我们也一定要看成交量是什么情况，比如一只股票半个小时就跌了五六个点，量能却非常低，那就存在刻意打压的嫌疑，突然的重挫，配合极低的量能，就是一个很明显的异常信号。所以我们可以通过股价的走势和成交量的配合情况，来判断到底是真涨还是假涨、真跌还是假跌。如果我们看到量价配合非常理想，明显走出了增长的形态，却还犹豫不决，那就很容易错过机会，当然失去一次盈利的机会，并不会让我们后悔到拍大腿，不过如果不顾成交量的警告，将恐慌盘看成洗盘，把自己套进去，恐怕就追悔莫及了。

我们还要知道，短期的均线可能会出现骗线的情况，比如说，在正常情况下，股价打到五日均线就该向上拉了，但这时可能会出现洗盘，让股价在收盘时跌破五日均线，这让一部分投资者认为均线系统走坏，应当卖出，这就是典型的骗线。但是有一个指标不会骗人，那就是成交量，这一指标有个极大的特点就是可以控制放大，但不能控制缩小，即可放不可缩。大家应该能够理解放大成交量的需要，这里涉及对量价齐升的要求，在股价往上涨的时候，都希望成交量能配合得比较理想，因此会出现主力左手买右手卖的情况，这会使得成交量被人为地放大，但是别忘了交易成本，佣金、印花税等，没有人会无意义地做这样的动作，成本太高。那为什么要控制缩小呢？举个例子，主力在操作一个品种，在慢慢吸筹，但不希望别人知道（因为如果有其他人注意到了，参与进来，那么主力能吸收的筹码就不够了），于是主力想通过缓慢吸筹，将成交量压到比较小的位置，让大家都看不到它，这能做到吗？答案是做不到。只要有交易，则必然会在成交量上留下痕迹，因为这一个特性，成交量就成了衡量股价上涨或下跌是否真实的重要指标。其他指标可以通过操作，放出烟幕弹，但是在成交量上不能，因此成交量在实战当中的地位非常高。

我们在前文中也提到过，在看盘软件中，成交量处于交易界面的下方，大家看个股时也是一样，在默认的K线和均线图下方的指标，通常就是成交量（VOL）指标窗口。图3-1中红色和绿色的柱子就是成交量的图示形式，柱体越长，就代表当天的成交量越大，柱体越短，就代表当天的成交量也就越小。成交量的柱体颜色取决于其当天的K线情况，如果当天K线为红色阳线，则量柱也是红色的，当天K线为绿色阴线，则量柱也是绿色的。

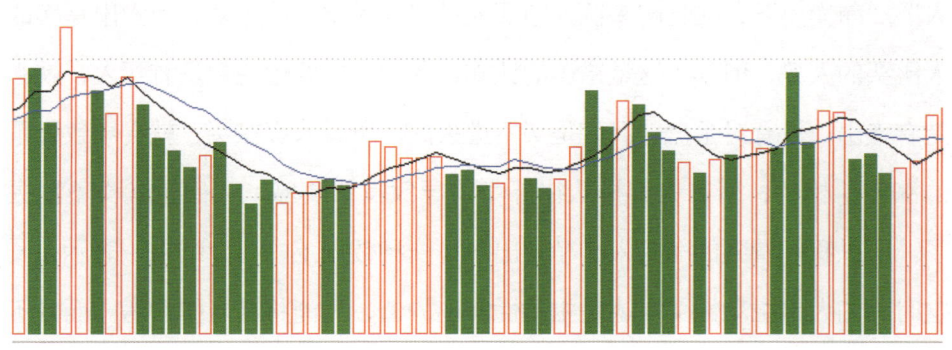

图3-1

第一节　使用原则

（1）平衡性

成交量是一种供需表现，即有买必有卖，有卖必有买。成交量是买卖双方平衡的结果，每次的成交，一方面会满足买方的需求，另一方面会满足卖方的供给，所以买卖双方交易的数目一致，价格一样。大家经常听到"净买入""净卖出"，初听起来认为净买入是买的人比卖的人多，净卖出是卖的人比买的人多，但其实这是错误的认知，各位一定要记住凡是有买入，就必定有卖出，没有对手盘，我们是买不进去的。所有人都在买，就会导致股票的涨停，相反，所有人都排队往外卖，导致股票跌停，我们也就卖不出去了。所以我们看到的净买入和净卖出只是一种数据上的统计结果，表示在一定时间内大单主动性买入或是主动性卖出的值，只能将其当作参考。而且不同的软件因为算法不同，所统计出来的结果也可能是不同的。如果听到有人说今天某只股票买的比卖的多了多少，那是完全错误的说法，大家一定记住，买卖必然等量。我们在看成交量时，要看其真实达成的成交，最主要的就是看它到底是放量还是缩量，是异常的放大还是异常的缩减，有没有保持一个较为平滑的变动方式。

（2）对比性

单日成交量绝对数值的高低通常是没有太大意义的，需要与之前的数值做对比才有意义，好比一个学生考了50分，你是该高兴还是难过呢？如果之前他考了10分，那现在是有了明显进步，你会觉得高兴，如果之前他考了90分，那现在则有明显退步，你就会觉得难过。在看成交量时也是一样，单独看一个数据是没有意义的，这一数值的高低在不同的市场环境下，所代表的意义是截然不同的。因此，我们在成交量的使用过程中要注意对比，更多的是考虑不同交易日间成交量是放大还是缩小，而不是单纯看数值。

（3）活跃度

成交量的大小反映了买卖双方对价格的认可程度，买卖双方对价格的预期程度分歧越大，成交量就会越大，买卖双方对价格预期程度分歧越小，成交量就越小。我们通过例子来理解一下这句话。

在一个不断上涨的牛市当中，大批的人等着用钱去换股票，讲价的人很少，通常都盼着早点成交，这样汹涌的买盘就会使得市场的活跃度大大提升，换手率激增，成交量会出现明显的放大；在市场极度低迷的阴跌阶段，投资者普遍持观望态度，买盘不愿轻易抄底，卖方被套牢但又不再恐慌割肉，成交清淡，成交量就很小。

上涨行情是需要成交量不断放大来推升的，股市的整体情绪越来越亢奋，成交水平就会高于前期的平均水准，出现量价同步放大的情况，一般我们把这种情况叫作量价齐升。而在一个下跌的熊市中，量能通常在其初始阶段是比较高的，随着不断下跌，我们会发现成交量会快速降低，量能不断减少，在高位未能卖出的人，就会进入一个严重套牢并且麻木的状态，到了低价区，很多人就选择坐视不理了，放弃卖出，买卖不再活跃，量能不断萎缩，成交量如果降到了极低的水平，即使后续走出了上涨的趋势，但是因为它的涨速较缓，就算以一根一根的小阳线走出小碎步的上涨形态，大家也不会有太大的热情，多空分歧较小，其整体表现就是涨幅较小、成交量较低，市场的活跃度也会降低，难以有较大的行情，那么此时由于量能的不支持、不配合，要想保持缓慢上涨是可以的，但想走出一个比较猛的行情是非常困难的。

综上所述，在我们选择个股去操作的时候，自然是要选择放量的个股，选择更活跃的个股，更加活跃就代表它上涨的势头会更猛，所以我们如果看到一个价格上涨，但是量能走低的个股，就尽量不要去碰它，它的弹性不够大，并非我们的首选。

第二节　量价关系

在实战当中，股价与成交量之间的变化关系是比较复杂的，可以将其归纳为以下几种情况，我将逐一为大家说明量价配合的意义到底是什么。

（1）价低量缩

我们经常能看到一种典型的量价关系——价低量缩，指的是当股价处于盘整阶段，运行较为低迷，出现价格很低，成交量萎缩的现象，当股价极低，成交量极小时，通常意味着已经进入底部区域，再往下的杀跌空间就得到了一定的封锁，表现为底部横盘的这样一个过程。

图3-2所示，前期的股价一直保持在一个很低的水准，中间的几次反弹都未能得到量能放大的支撑，还受到了多根均线的反压，出现了一定的下挫，我们要判断这个下挫是不是一波杀跌的开始，就需要看量能的配合情况。我们可以看到股价没有跌破前期的低点，依然在一个小范围当中波动，而且日内的涨跌幅度也非常小，一个月内基本上都是小阳线和小阴线的反复，那么这段时间的量能又是什么情况呢？量能缩到了极低的水平，几乎达到芝麻量

的标准，这种极低的水准代表股价就算再向下跌，也杀不出来筹码，没有人愿意在这个价格卖出去，只剩下了死多头。这种价格极低、成交量也极低的情况，被称为震荡筑底阶段，这个阶段里杀跌的动能明显不足，下跌的空间比较有限。那么这个阶段会在什么时候结束呢？我们再往后看，会发现均线开始走好，股价逐渐运行到均线的上方，同时，量能也明显配合放大。再到后来股价逐步走好，进入暴涨阶段，量能也开始放大。对比之前的低价区，会发现那是一个绝对的底部区域，对我们来说也是一个比较好的吸筹阶段。

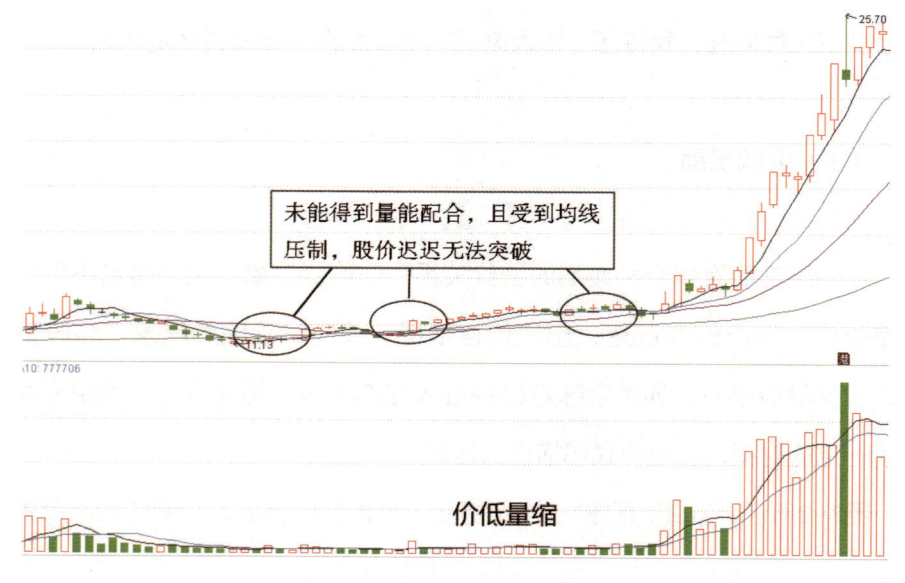

图3-2

如果大家手里有亏损很多、被套得十分严重的品种，相信大家会很犹豫，到底要不要止损出局？此时不妨配合上成交量的情况进行判断：如果股价已经跌得非常低，而公司的基本面也没什么雷可以爆了，量能也缩到了极致，那这可能就是一个筑底阶段。当然，我们难以知道这一阶段要横盘多久，很多股票横盘的时间长达数月，在这个过程中，股价虽然有所起伏，但波动很小，量能一直保持在一种极低的状态下，如果我们抄底过早，可能磨到最后，放弃的时候，也就到了股价拉升的时候。因此，如果被套了，大家要按照这个标准去防御，如果想买，尽量不要选在这个阶段，甚至在已经开始放量的时候都不要参与进去，而应等到股价回踩均线，确认支撑有效，均线黏合，放量突破时，再去介入。

（2）价平量增

我们要学习的第二个量价关系是价平量增。在底部区域成交量放大，但股价却没有进一步下跌，仅出现小的波动时，表明空头市场即将结束，大趋势将出现反转。简单来说，我们看到有的位置整体的股价波动相对来说较为平稳，价格没有出现剧烈的上涨，甚至其整体的价格和前一个阶段走成了基本持平，但是它的成交量倒是上了一个台阶，与前一个价格持平的平台期的成交量对比起来明显是反常的，也就是说明明股价相差无几，但是量能却差了一个级别，出现了异常放大，这种情况，我们称为价平量增（见图3-3）。

如果持续出现价平量增，说明在很长一段时间内，价格虽然没什么太大变化，但是已经有资金在偷偷地介入了，"凡走过必留痕"，很多看似复杂的问题，都能在这条成交量原则中找到原因。我们既然已经知道了当下的状况是由资金的介入引起的，就该联想到这只股票的活跃度是在慢慢提升，在它运行一段时间之后再启动,则进入主升的可能性就更大。所以,这是一个非常特殊的信号,出现价平量增这一情况的股票值得我们多加留意,在实战的过程中,以这个信号来找买入点是非常有效的。

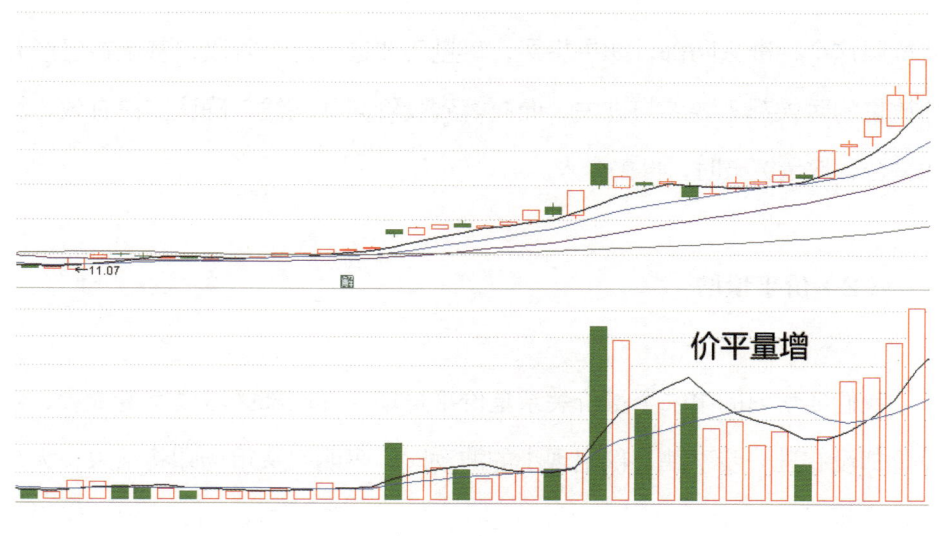

图3-3

(3)价涨量增

第三个量价关系叫作价涨量增(见图3-4),表现为股价随着成交量的递增而上涨,这是多头市场的典型标志,也叫量价齐升,表明价格走出盘局,开始进入进攻状态,市场活跃度明显提升,随着成交量不断增大,价格也将出现快速上涨的现象。很多品种在走主升的过程中往往也是符合这样的特征的。如果我们挑的是黑马股,一般要求黑马股在快速上涨期要形成量价配合，不能股价越往上冲，成交量背离越大，否则对于短线黑马股来说是较为不利的。不过，虽然我们很希望看到量价齐升，但不是说只有这样才能算乐观，我们会发现一些白马股容易出现价涨量缩的情况，在之后的量价关系中，我会详细讲解，这里只是给大家做个提醒。

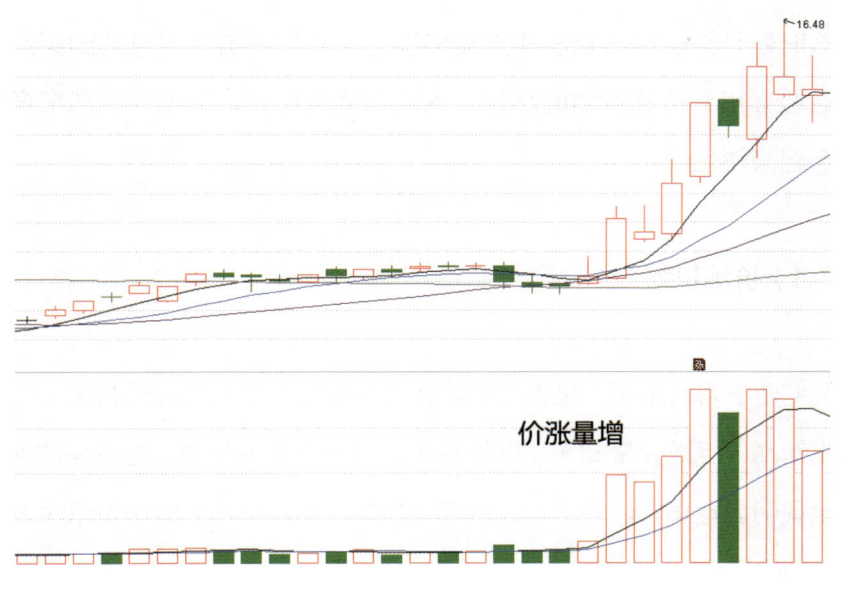

图3-4

一旦个股进入飙涨的状态，股票的价格每天都在创新高，每次上涨都会越过前期的高点，下方的成交量也一步一个台阶扎实地向上走，直到量能不能再持续推进了，达到最高点，开始萎缩，几乎在同一个时期，股价也不能再向上进行突破，涨到最高价后开始回落，大概率就预示着这一主升阶段的结束，所以大家做短线品种时，在它的主升阶段，一定要把握这个特征，在它上涨的过程中，虽然会有震荡，但是千万不要轻易放弃，如果赚了两个板，就准备获利了结，那我们是不是就错过了后续的三个板、四个板？过早止盈，确实也是赚到了钱，不过赚到的只会是很小的一部分，完全错过了后续的主升，这样往往是比较遗憾的。所以再次提醒大家，有的时候我们好不容易挑到了一个非常不错的黑马股，在它的量价关系没有出现异常的情况时应一路持有，享受拉升的快乐，不要轻易下车。那什么时候是合适的买点和卖点呢？别忘了我们之前学习过的四买四卖原则，这些套用到价涨量增的品种上也是非常适用的，一定要注意把多种方法综合起来使用。

（4）价涨量缩

我们要学习的第四个量价关系叫作价涨量缩，表现为股价持续上升，不断创出新高，但成交量却无法继续放大，甚至出现高位成交量萎缩的现象，量价出现明显背离，这通常是股价即将反转下跌的标志。这一量价关系主要是针对短线黑马股来说的。

以图3-5为例，既然已经走出了这么猛烈的进攻，显然我们不能把它当作白马股来看，因为它不是一个缓涨的形态。在股价向上涨升的过程中，成交量放大得非常明显，但很快，我们就发现成交量出现了问题，不能同步再创新高了，反倒是有所萎缩，失去了成交量的配合，股价随后出现了下跌。就在大家觉得这只股票的主升期已经结束时，股价又出现了两天的大涨，这次大涨有一个特点需要大家注意，即上涨创新高，盖过了前期所有的高点。单从技术分析的角度来看，不看成交量，只看K线，这叫突破前高，意味着之前所有买进的人都解套了，理论上来说这是一个打开上行空间的标志，后续应会继续上涨，但是我们往下看，出现了量价背离：在股价创新高的过程中，它的成交量缩的不是一星半点，股价最高点位对应的量能几乎只到达主升阶段最高量能一半的位置。如果只是略微的量价背离，我们还可以接受，但是严重的量价背离就说明第二次的上涨有诱多的嫌疑，说明股价在向上推升时，活跃度实际上是降低的，这就是一种很典型的背离。

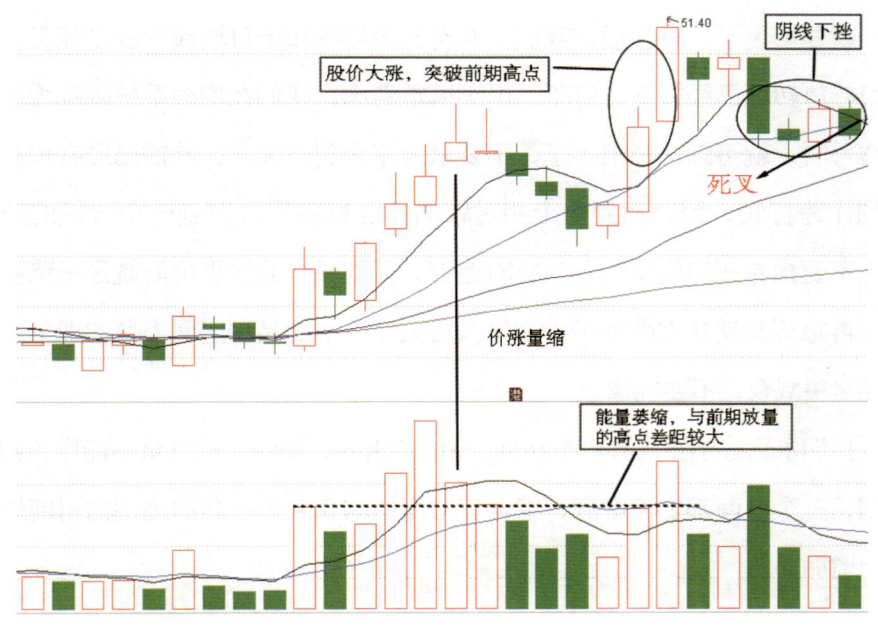

图3-5

当然还有一种可能是后续继续拉升出阳线，成交量放大，如果是这样的情况，后续可能还会有所好转。我们接着往下看，就看到了阴线的下挫，重心下移，成交量发生萎缩。根据已有的情况来看，在主升的平台期，主力已经完成了大部分的出货，而后做了一次诱多，这次上拉，是为了误导其他投资者，让大家看到创新高，把很多人骗到山尖上，之后就可以肆无忌惮地出货了，所以这次的下跌是比较惨烈的。

在短线黑马股暴涨的过程中，我们一定要注意量价的配合，一旦发现在价格上冲创新高的过程中，成交量跟不上，就要格外小心了。有些时候如果只看K线和成交量，我们还是不能做出趋势判断，那就需要结合均线系统了。在均线中，变动最快速、反应最快的是五日均线，当股价跌破五日均线时，我们就要警惕了，再往后，我们会发现五日均线和十日均线形成了死叉，可以说趋势转坏已经板上钉钉了。出于慎重考虑，我们在均线系统刚刚给出警告信号时，就可以选择出手了，不要求大家卖到山尖上，此前已经有较高的盈利作为打底，因此卖到一个相对较高的区域就可以得到一个很好的结果了，不要抱有任何侥幸的心理冒险追涨，否则最终的结果可能就是一路被套牢，再想解套就非常困难了。如果以后大家手中的品种出现类似的现象，一定要坚决减仓，不要犹豫。

我们永远都不要只看一个指标，单一的K线、均线、成交量不能作为判断依据，三个方面都要考虑到，综合三方面的信息来看，最后逃顶的可能性会大大增加。

（5）价跌量增

接下来我们要学习第五个量价关系——价跌量增，即在股价下跌的开始阶段，由于多空双方对于走势存在分歧，还有人并未认识到行情已经结束，因此在股价下跌过程中承接盘还相对踊跃，成交量仍比较大，而这将产生大量的高位套牢盘，容易形成阶段性顶部。

在图3-6中，当股价刚刚开始下跌时，我们会觉得这个品种的问题似乎不大，可能还处于一个良好的运行状态，但是在下跌的过程中，突然出现了一根长阴，看到了这根阴线后，我们就必须放弃幻想了，因为对应的成交量放得太大了，说明多空分歧严重，在这一天买进去就会被套。我们会发现超跌再反弹，也很难越过长阴的顶部，其阴线的上沿就变成了一个反压位。股价下跌一段时间后，跌速放缓，就在大家觉得这个平台期结束后，下跌会止住，很快要涨上去时，又跌出了一个放量的长阴，出现了一个价跌量增的情况，这说明依然存在多空分歧，杀跌的时候，还是有人在抄底，抄底之后，又产生了一个成交密集区，很多人再一次被套，在这个阶段产生了大量套牢盘。之后的反弹，还是无法越过这个新的长阴，其顶部成为新的反压。所以，在这两次较猛烈的下跌中，大家不要看到短线内有利可图就选择抄底，根据格兰维尔买卖法则，我们知道下挫如果偏离均线过远，会有一个纠偏的过程，这其实只是一个超跌反弹，不能把它当作主升来看。如果一看到下跌就抄底进去，会被这波长阴套中，无法解套，后续股价将不断下行。因此在刚刚开始形成放量杀跌的阶段，我们一定要尽早回避，千万不要轻易抄底。

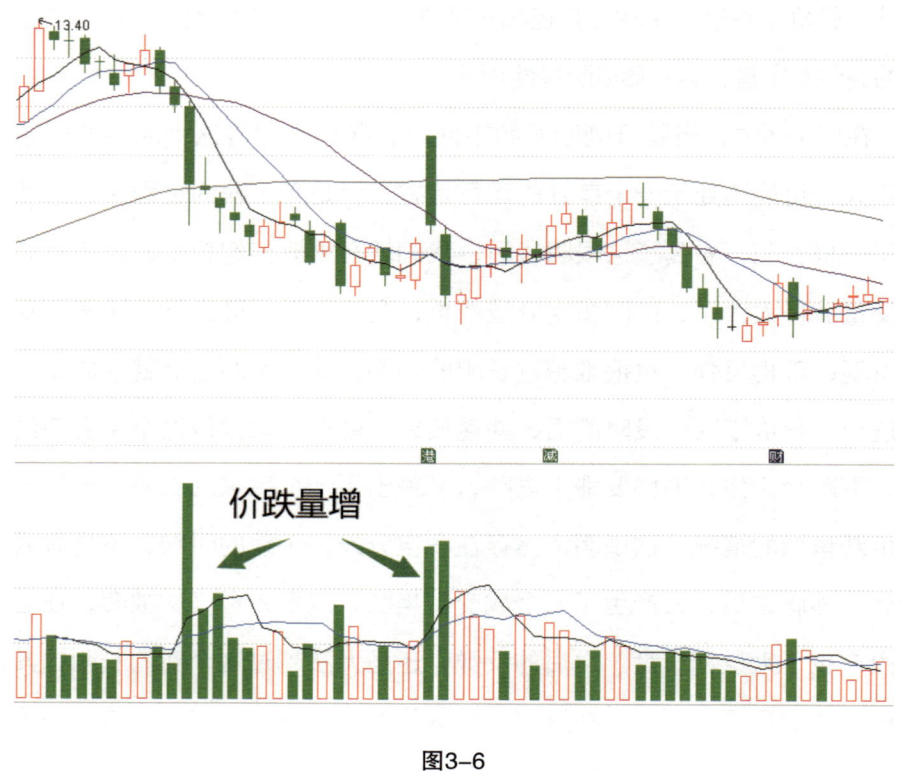

图3-6

（6）价跌量缩

第六种量价关系叫作价跌量缩，在下跌行情的末段，成交量随股价不断创新低而逐步萎缩。如果出现反弹之后再回落，而成交量少于前一个低位的成交量，则表明已经杀不出筹码，剩余的都是死多头，股价也就进入真正的底部区间。

以图3-7为例，股价经过一段时间的下跌，成交量也逐渐萎缩到极低的程度，这部分就可以算作价跌量缩的情况了。这时候做了一波反弹，再次回落的过程中，它的量能仍然很低，不能形成较为合适的量能级别，表示的是反弹之后再往下杀跌，也杀不出来筹码，市场中剩下的全是死多头，不管股价跌多少，都不会有人出手。从形态上来看，就构成了双底，从量价关系来看，就叫作价跌量缩，甚至缩无可缩，这时候就到达了真正的底部。如果有人在这里买入，基本上就可以算作净买入了，此时上方的抛压并不重，所以当均线形成转折，K线突破均线后，均线系统恰好形成多头排列，对股价形成向上的推动作用，随即形成价涨而量增的量价关系，价格不断上涨，成交量也每次都可以抬出一个更大的量，这就意味着股票进入了主升阶段，我们就可以放心持有了，直到量能上无法继续向上推动，股价才开始出现回落。股价再次上涨时，量能并没有保持住同水平的升高，有缩量创新高的嫌疑，但是这个阶段的量能对比之前的量能没有相差很多，所以即便震荡加剧，还是走出了缩量上涨。到了第三次价格的飙升期，股价又一次创新高，而量能下降得过多，此时我们就要加以小心了，这个位置很有可能就是真正的大顶。

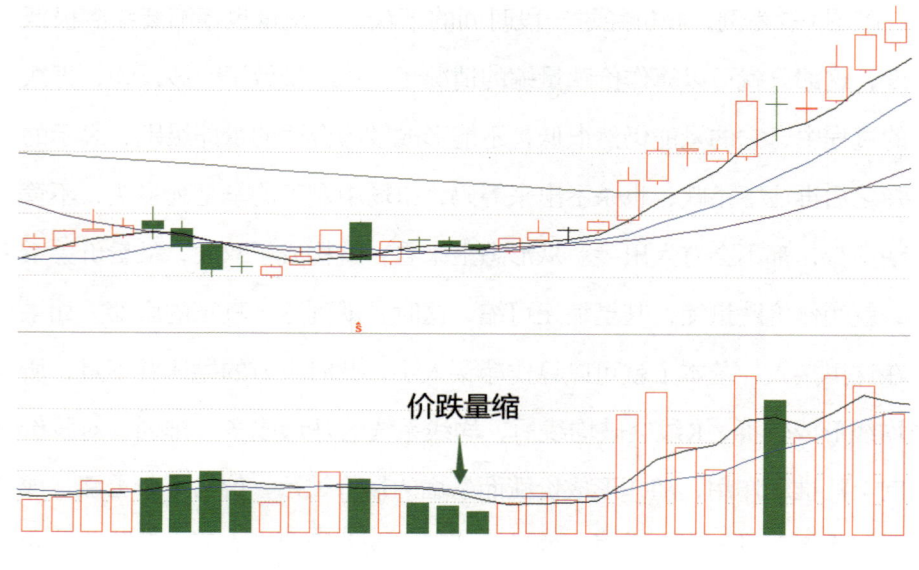

图3-7

以上六种量价关系，有常见的，也有特殊的，我们在实战中一定要关注量价情况，凡事多想一步，如果能够做到在下跌阶段不轻易抄底，在启动阶段可以找到参与进去的理由和时间点，就算是融会贯通了。相信大家在实战中会对量价关系有一个更深入的理解。

第三节　成交量形态

在实战当中，虽然成交量的形态要与具体走势配合研究，但有时也会出现一些特殊的成交量形态，这些特殊形态对于趋势的判断有重大意义，在观察到这些特殊的量能变化时，我们要及时将其与其他股票区分开。

一般来说，我们很少单独地找某一个形态的量的变化，我们都是看K线和均线的同时，去看成交量的配合情况。那么有没有一些情况下，我们看上方的K线和均线走势，觉得不是很标准，但是下方成交量的变化很特殊？当然是有的。当这种特殊的量能出现，往往会有一些特殊的含义，如果成交量的变化出现异常，我们也要格外留意。

（1）芝麻量

我在价低量缩这一量价关系的讲解中，提到过一个量能的专用词语——芝麻量，大家应该对这个形态已经有大概的了解了。芝麻量也叫地量，反映出市场的成交极为惨淡，前文中讲过成交量的一大特点就是可放不可缩，缩量是无法人为控制的，只要有交易，就必然会留下痕迹，所以底部出现芝麻量时，说明买的人和卖的人都非常少，代表了市场极度低迷后的多空平衡点，往往容易出现"地量见地价"，如果随后再有翻数倍大的成交量出现，则低位启动的信号就会极其强烈。

我们可以看到在图3-8中出现芝麻量之前，股价持续杀跌走低，轻松砸漏前期的低点，量能也是处于极度萎缩的状态，说明这个阶段剩下的只有死多头了，量柱也接近近期最低点。当然如果遇到了图中这种持续低迷的量柱情况，无法通过柱体高度判断是否为近期最低，我们可以关注一下当天的换手率，比起量柱的柱状图形式，换手率的百分比数值形式会更加直观，如果当天换手率数值为近期最低，那么就可以确定当天的量能为芝麻量了。因为此时量能水平实在太低了，所以之后只要放一点点量，就容易形成翻倍。

图3-8

我们所说的"地量见地价",是指当量能达到最低时,股价也创出行情新低,也就是量减价跌的极端情况,后续结束下跌转而上涨的概率极大。图3-8很好地诠释了"地量见地价"的定义,芝麻量的形态出现后,股价持续上升,量能也节节高升,实现量价齐升,有主升的可能。再往后看,我们看到了量能的飙升,翻了十倍、二十倍不止,这就是一个典型的起涨信号了。在观察到地量之后,如果我们在量价齐升的过程中就参与了进来,那么到股价飙升时,就已经有了非常丰厚的盈利打底了,因此,在看到典型的放量启动信号之后,我们就可以大胆做追加了。

在实战中,芝麻量其实不太好判断,我们在一个行情之后,往前倒推,会觉得芝麻量很清晰,是很明显的最低点,但是我们在当天并不知道下一个交易日会不会再创新低。可能下一个交易日的换手率更低,可能下一个交易日稍微放量,过了一段时间量能才降到最低点,所以我们在关于芝麻量形态的表述中会说在极度低迷的量能后出现拉高数倍的量能才是起涨信号,这一信号更加准确,意味着如果我们想抄底,不一定非买在芝麻量的这一天,可以等后续成交量放大时再去介入,安全性会更高。当然还是不能忘了看均线,图3-8中段也出现过一次股价的反弹,但是当时均线的反压力量还是比较强的,我们结合均线来看,就能知道那不是一个很好的买入点,风险太大,而图3-8后段股价再次升高时,股价在均线黏合处形成有效突破,甚至突破了长期均线,价势量综合来看,成功率将会得到极大的提高。

（2）馒头量

还有一个比较有意思的量能形态叫馒头量，也叫土堆量，是指成交有规律地逐步放大再缩小，表明市场活跃度在提升，但进攻并没有那么剧烈，较为缓和，上涨下跌表现出较强的规律性，可根据其出现的位置不同分为底部堆量、中途堆量与顶部堆量。堆量是我们做波段操作时最好的一个工具，其量价关系和股价高低会形成一一对应的关系，也就是说，当它达到量能的高点时，往往股价也会达到高点，因此我们可以在量能高点减仓，这也是我们做高抛的依据。

底部堆量，指的是股价在沉寂一段时间之后，由底部开始上行，同时成交量温和放大，形成了典型的量价齐升，如果成交量与股价形成对应关系，即上涨阶段温和放量，而下跌阶段温和缩量，则是典型的波段式上涨格局，中长期值得看好。

我们结合图3-9来看，股价一路下跌，跌到低位，量能也达到了一个低点，随后是一波缓步堆量，成交量的变化不是很剧烈，保持缓慢放大，达到高位后，股价下跌，成交量也逐步萎缩，可以看到股价和成交量的走势都非常有规律。我们可以好好利用这一规律性，找到量能的低点去买入，在高点卖出，做出漂亮的波段操作。所以如果底部的品种涨势不错，我们要好好找找量价关系，不要只知道长期持有，可以尝试着做一个长周期的高抛低吸，像底部堆量这种形态，就是一个很好的机会，它的走势不怎么激烈，对新手来说容错率高，较为友好。

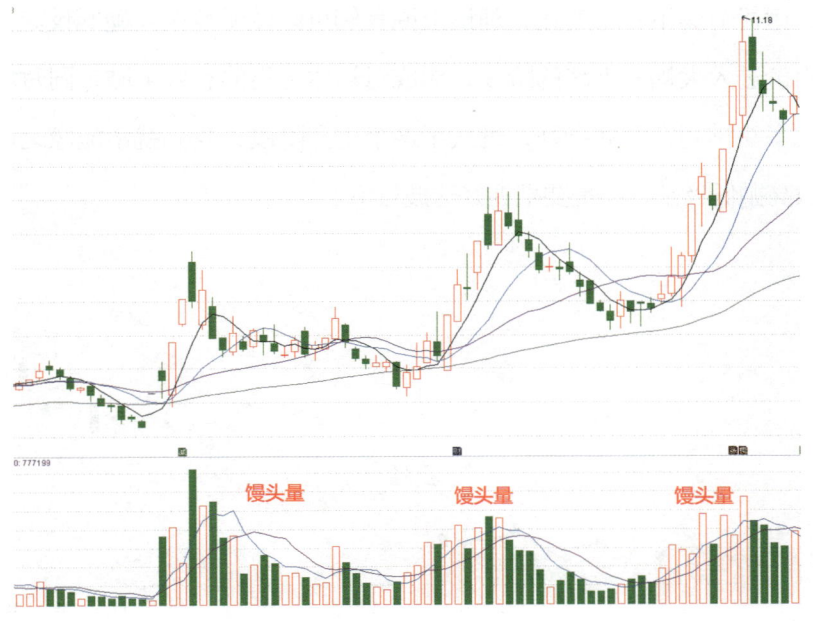

图3-9

接下来我们了解一下中途堆量。股价经过一轮上涨之后进入横盘整理阶段，运行出现明显的箱体格局，如果在横盘过程中，成交量仍然表现出有规律的温和放大和缩小，则表示这种震荡格局将保持下去，方向并未确定，同时在箱体上下界线比较明确的情况下，也可以配合量能的高低点来寻找高抛低吸的机会。

我们结合定义来看图3-10所示的部分，可以看到这部分的高点和低点形成了比较清晰的上沿和下沿，整体股价在一个狭小的空间内上下波动，其量能同样随着股价的波动产生有规律的变化，阴线下挫时，量能会急剧萎缩，阳线出现，量能随之放大，几个波段下来，我们是有信心做好箱体中的高抛低吸的。当然这一横盘会持续到什么时候，我们还是要结合其他指标来判断，对于我们来说，它持续的时间越长越好，因为只要它的量价关系不出现异常，运行节奏不发生变化，理论上说我们可以做无数次高抛低吸。直到有一天股价进入大幅度上涨的阶段，形成对箱体上沿的有效突破，同时均线系统变成多头排列，全面走好，进入了这个主升阶段，我们就不能像之前那样继续做高抛低吸了，而是要把握好这波行情。

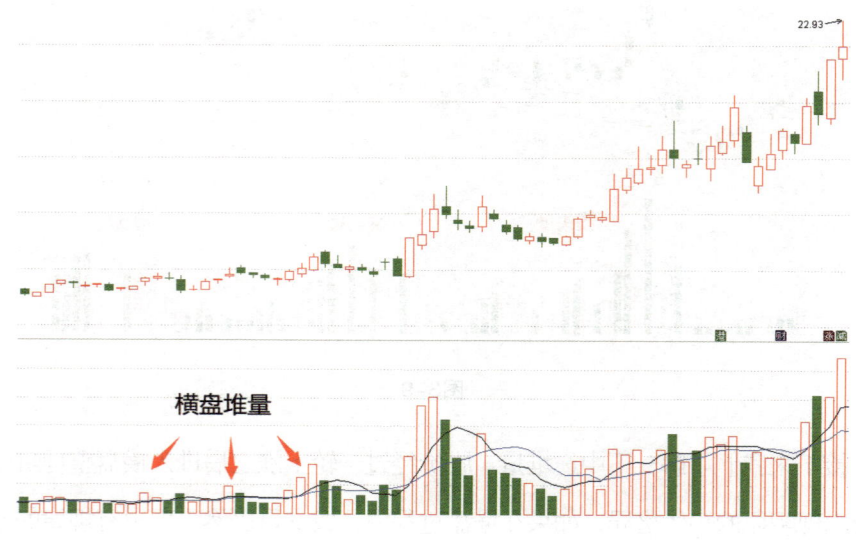

图3-10

顶部堆量表现为股价经过大幅上涨之后，高位多空分歧明显加剧，通常出现在顶部的堆量最高值，也应该是一段时间以来的成交最高值，即"天量"，这样的堆量出现之后，如果股价没有再创新高，成交量也没有再创新高，则整体趋势将转为下行，每一个堆量的"天量"处都是极好的离场点。

根据定义，相信大部分人都可以轻松找到图3-11中的第一个顶部堆量，几乎毫不费力就上冲到了最高点，成交量也是跟随股价轻松站上了高点，可以说此处存在见顶的嫌疑。果不其然，此后便是股价的下跌和量能的缩减，

第三章
成交量的技巧

到了最低点后，继续升高，如此循环往复，形成三个堆量。第二个堆量中的高点和第一个高点在高度上还是很接近的，达到了后者的平台高度，此时虽然也形成了馒头量，但其量能的级别远不及第一个堆量。第三个堆量情况相同，比起第二个堆量又降了一个量级。大家可以发现这三个堆量的量能走成了向下的三级跳，三个股价高点也是逐渐下移，这就表示这个品种在未来大跌的概率是很高的，因为股价无法再创新高，量能的活跃度也在逐级下降，而均线反复交织，形成黏合，后续就是顺理成章的空头排列，均线反压，可以说这只股票在大趋势上走出了极其明显的下行，关注的人越来越少，多空分歧逐渐缩小，大家普遍认为这只股票冲不动了，最终很容易引发大跌。

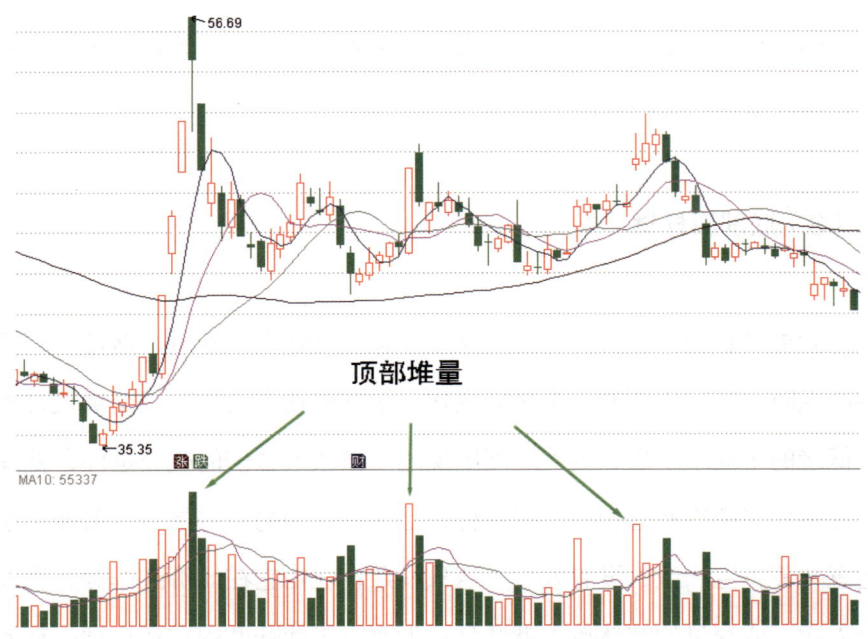

图3-11

一旦看到这种形态，我们理论上应该重点回避，但是如果我们太过慌张，卖在跌得比较惨的急杀位置，甚至在底部割肉，损失还是很大的，所以我们尽量卖在量能的高点。这里有一个新手常见的错误，很多人错过了一次高点后追悔莫及，总想着再卖也不能比前一个高点低很多，但事实上不是每一个品种都会像图3-11中的品种一样反复回拉给足我们机会，要知进退，不能太贪，如果我们在察觉到危机时，就进行适量的减仓，那么随着高点收益的取得，落袋为安，我们就算有一部分卖到了低价位，仍然还是获利状态。这些危机是什么呢？是量价的背离，是均线的走坏，是顶部堆量后的股价走低。因此，当我们看到量价背离，形成了顶部堆量，就要尽量以减仓避险为主，不要轻易抄底，想要盈利，就要学会避险。等到股价越过了前期的高点，同时出现比之前更大的量能，那么这个时候我们才认为这只股票重新走强了，可以重新关注。

（3）底部旗杆量

我们再来看一种非常特殊的成交量形态——底部旗杆量，这是我们抓股票启动点时，非常重要的一个量能变化。旗杆量通常是指在成交量长时间保持较低迷的平均水平后，突然之间出现的一根放大数倍的成交量柱，就好比在一片平地当中突然立起了一根旗杆，是非常强烈的起涨信号。前期长期的低迷意味着多空一致，没有人看好这只股票，任由它在低价区徘徊，没人买也没人卖，成交量的突然放大就像是对大家宣告活跃度的重新启动，有大量的新资金入场，如果后续能保持成交量持续放大，则往往是一波主升行情的展开。因此，大家往往可以通过量能的变化来找到这类股票的启动点，这也是相对比较准确的一个方法。

以图3-12为例，一旦在平台期后，出现了一个旗杆量，就不要再犹豫了，越早观察到这个信号，当天盈利的可能性就越大，有些人可能在收盘之后才看到，并于第二天买入，这当然也是可以的，只不过盈利会大打折扣。如果我们追踪这只股票有一定时间了，就会在刚有所放量时就介入进来，在起涨的初期，甚至在出现旗杆量的当天，就大胆参与进去，因为我们在盯着这只股票，就会意识到它的开盘状态比起之前要好很多，这就叫作盯盘，如果我们没有持续追踪的话，是很难注意到这种情况的。等到出现旗杆量时，绝大多数人都会关注到这只股票，股价也已经有了大涨，所以最好在股价起涨前我们就能有一定的敏感度。对于手中股票已经陷入了长期低价横盘的人来说，旗杆量几乎可以看作一个救命的信号，具有非常典型的代表意义。在实战中，如果无意间发现哪只股票出现了旗杆量，抓住机会，可以取得不错的短线收益。

这里我也提醒一下大家，很多人看到一只股票长期横盘，就觉得它跌不动了，总想抄底，其实不建议大家买在缩量的横盘阶段，因为我们不知道它的这次缩量会持续多久，一些股票的横盘或者缓慢下跌阶段会持续三五个月之久，如果我们抄底抄早了，并不是说会亏多少，主要是过于消耗时间，等我们好不容易决定放弃了，将股票卖出去，未必会有多大的收益，很可能不久之后股票就反弹了，综合来讲损失还是较大的。简单来说，我们不要去做毫无根据的预测，比如看到某只股票跌了三个月了，觉得很快就会上涨，于是无限制抄底，只有看到量能的明显放大，才是我们介入的最好时间点，我们应避免抄在底部无量的阶段，而是要做旗杆量。

图3-12

（4）高位天量阴

高位天量阴是一种与底部旗杆量相对的量柱形态，是一种典型的见顶形态。它是指股价在连续涨升一段时间之后，在高位突然出现一根高开低收的阴线，并且其成交量为近期的最大量，表示在高位，空方力量突然增强，这是典型的出货特征。未来一段时间如果不能越过这一股价的高点，同时成交量也开始逐步萎缩，则有比较强的顶部特征，由于之前通常会有较高的盈利打底，一旦出现这一信号，应该及时果断地落袋为安，以防整体收益大幅缩水。

我们来观察一下图3-13，在天量阴出现前几日，分别是一段震荡上涨和一个涨停的长阳，就当很多人以为这一天也会像前一天一样涨至封板时，它冲高回落，收盘价远远低于开盘价，形成近期最大成交的天量阴。这意味着有人在股价高开后就开始出货了，多空分歧非常大，而在前一根K线封板时，量能都没有太大变化，到了天量阴这天，却形成了充分的换手，很多人在买的同时，也有很多人在卖。我们就要想想是不是大量的散户在追，主力在跑，如果是这样，这一根天量阴的杀伤性就非常强了，所以如果我们能在天量阴的当天卖到冲高的早盘上，这是最理想的情况，如果没能买到较为合适的位置，在收盘前才发现势头不对，这时候也不要心存侥幸去赌它的收盘情况，否则可能就要面临图3-13这种第二天继续重挫的局面，此时再想跑，已经跑不出去了。我们回过头来看，就会发现只要卖在天量阴这天，即使没有卖到当天的高点或者上影线的位置，也不会有太大的损失。

可以说，天量阴是一个强烈的卖出信号。对于类似的股票，我有一条经验可以分享给大家：这些有可能走出冲高回落的股票，大多数会在开盘后半个小时达到当天的高点。大家可以选一些类似的见顶的形态，去看一下是不是开盘半个小时冲高点。持有这种出现了急冲而又不能封板，并反身回落的股票，我们需要设置一条止盈线，不要等到盈利全部吐出去之后再脱手，我们不争取卖到最高点，但争取卖到上影线，白给的一段高开盈利，不要放弃。股价冲高点的这半个小时是我们的逃命时间。除了依托能量的变化外，我们还要借助分时图，要多多观察分时图上的拐点的信号，从而找到更合适的卖出位置。

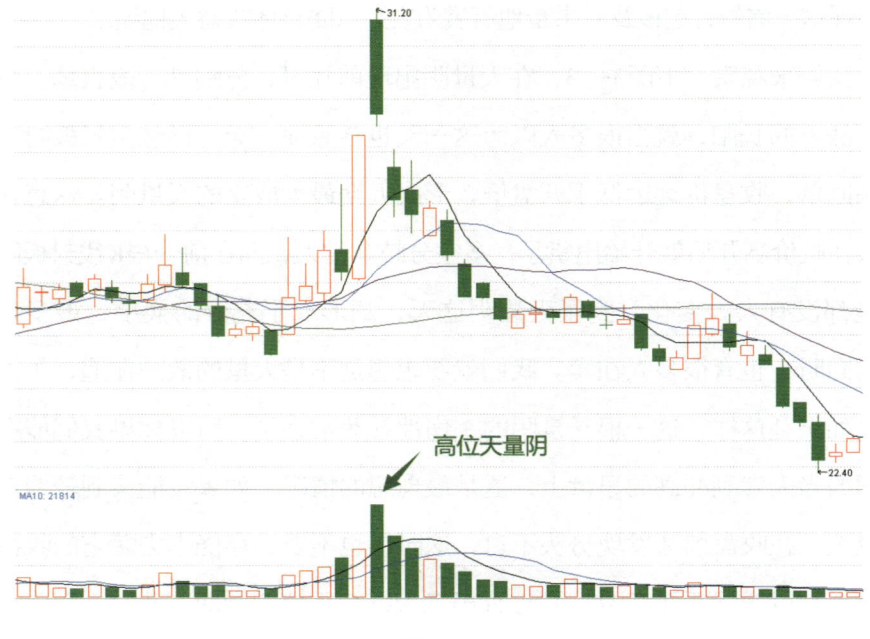

图3-13

（5）持续平量

最后一种量能形态叫作持续平量。在一些股票的上涨过程当中，成交量并没有出现和股价的同步上涨，在股价上涨的过程中，量柱基本保持水平，并没有太大的起伏，有时上方的日内涨跌差别极大，但是下方的成交量几乎没有变动，如果将其理解为量价背离就大错特错了，其往往是主力高度控盘的表现，一旦碰到类似的品种，只要股价依托均线持续上涨，就不要因为量能没有放大而放弃，反倒应该坚定持股，以享受持续上涨带来的收益。

如果把图3-14拿给一个老股民看，他大概率会说这只股票走出了量价背离，得赶紧跑。但在实战中我们要是遇到了这种情况，不要轻易决定减仓。我们来观察一下这张图，可以看到有几天的股价日内波动是比较大的，这一点从它的上下影线的长度可以看出来，也有几天高低差较小，股价波动很小。理论上来说，这两种情况下，活跃度一定是不一样的。在我们以往的认知里，如果股价"收星线"，量柱应该缩量走平，价格波动越大，量能也就越高，它的异常也在这里，不管股价怎么波动，下方的成交量几乎不受影响。这一异常出现的原因就是主力高度控盘，也就是说这一股票已经达到了控盘程度非常高的状态，所以它的成交量才能保持在一个几乎持平的水平。同时，我们可以看到即使后期出现了阴线的调整，它的均线仍然提供着强有力的支撑，成交量也是呈现出规律性的小幅缩减，一般我们认为这种缓慢爬坡很容易走出加速，所以在横盘调整之后，很可能会出现一波上涨加速阶段。

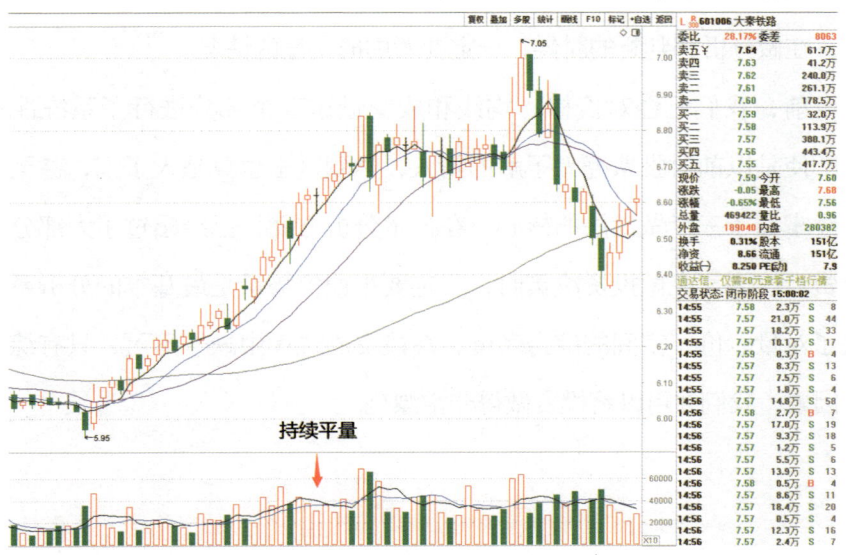

图3-14

简单总结一下，如果我们看到手中的股票，价格沿着均线走，高低差很大，而量能却是走平的，那么不要轻易放弃它，这虽然与我们以前学的量价关系不一样，却是一个非常好的持股阶段。大家不要陷入教条主义，虽然说量价齐升是主升阶段的特征，但是也要加上限定环境，即黑马股中不能出现太大的量价背离，而走出持续平量形态的量能一般出现在股价的缓涨阶段，这也是我们区分不同量价关系的一个基本原则。

以上我列举了一些较为特殊的量能形态，其中底部旗杆量就比较适合做短线，馒头量适合做波段，高位天量阴适合逃顶，持续平量适合稳定持有。我强调过多次，成交量通常不单独使用，不要看到这些特殊的量能形态就照本宣科，认为一切都会按照既定轨道走，而是要与K线形态及均线系统配合使用，这样才能在实战过程中取得更好的效果，提高准确性。在这三者之中，成交量是最容易被忽视的一点，我们要记住它是非常重要的一个辅助判断的工具，在做分析和判断的时候，一定要考虑成交量的情况。

目前，我们已经对价格、均线和成交量这三个部分进行了系统性的学习，即使是以前对股票毫无了解的新人，学到这里也算是入了门，甚至可以说已经掌握了三步做盘法的核心，在技术分析方面，已经超过了大部分的普通投资者。大家在做投资决策时，一定要牢记价势量是最基本的分析系统，涵盖了对量、价、空间的综合考量，在投资的过程中缺一不可，只有综合这三个因素，我们才可以将投资做得非常漂亮。

第四章

多空布林线

第一节　认识多空布林线

学会了价势量三步做盘法，并不意味着我们就可以停止学习了，要想进一步提升自己的投资水平，我们应该继续深造，在这个过程中首先应该考虑学习的是各种指标，比如指数平滑异同均线（简称MACD）、多空布林线（简称BBIBOLL）、相对强弱指标（简称RSI）、随机指标（简称KDJ）等，这些指数都是在现有技术分析上的升华和变化，每一个都有其自身适合的领域，只有多学习一些指标，并在实战当中不断磨合，才能选择出最适合我们自己的一套系统，这也是我们在投资中保持常胜的秘诀。

股市中还有一个重要的决定胜负的因素——心态。你的性格温和还是浮躁，强硬还是软弱，坚定还是犹疑，是不能靠我们自己的主观意志所改变的，会对我们的决策产生巨大的影响，所以如果没有一个成熟可掌握的技术系统来修正我们的行为，我们就会不断地重复一些错误而不自知。

在学习任何指标、方法或是系统前，我们需要考虑几个问题。第一个问题是它是否客观，即它会不会经常出现一些变化。这里的变化指的是主观变化，比如面对同一个形态，不同的人有不同的解读，如果任何人都能加上自己的主观判断，那么这个方法或系统就是不稳定的。我们不知道哪套判断体系是正确的，所以对它的第一个要求就是客观性，该是什么样子就是什么样子，不以主观的意志为转移。第二个问题是它是否有较高的准确性。在验证它的准确性时，不需要去看它对后续行情的预测情况，只需要往前推，去看过去的行情里，它的信号准确性如何。当然，世界上没有百分之百准确的指标、系统，能达到八成以上的胜率，就相当值得大家学习了，一般来说胜率能达到七成也够用了，一半及以下的准确度就说明这个指标毫无意义，和靠运气没什么区别。第三个问题是它是否有明确的而非模糊的条件。就如金叉、死叉一样，它会有一个非常明晰的定义，只有符合定义和不符合定义这两种可能，不存在模棱两可的中间项。第四个问题是它是否简单易学。在我看来，股市中有一些方法，不是说它不准，只是有一定的门槛，可能一些人用起来如有神助，但大多数人学过之后会觉得如坠云雾，很难理解并运用，所以建议初学者就不要学习这样的方法了。

  本章要讲的多空布林线就完美回应了上述问题，它有一个较为完整的交易系统，并且非常客观，准确性经市场验证也是比较高的，同时它的条件非常明确，也非常简单易上手。用均线系统来做趋势判断，既有得天独厚的优势，同时也存在一些不足，于是我们需要引入多空布林线来做补足，它能让我们在趋势判断上的准确性有极大的提高。

  BBIBOLL属于压力支撑类指标，虽然它不属于常见指标，但其应用并不复杂，这一指标由三条轨道线构成，通过这三条线的关系来判断趋势，需要考虑的要素只有三个：趋势、开合度和轨道线击穿。所有关于BBIBOLL的应用，都是这三要素的组合，这三个要素构成的形态发生变化，就会为我们提供不同的信号和指标。

  在详细了解多空布林线的使用方法之前，大家需要知道在判断大盘趋势时为何不用均线系统，而是要将其替换为BBIBOLL。这并不是因为均线系统不好用，恰恰相反，均线很好用，是非常基础且重要的技术分析手段，但由于其为默认指标，大部分投资者都在看，甚至从不修改参数，只看默认的几条均线，这就为骗线提供了一定的操作空间。于是，就会有一些大资金利用大家的惯性思维，故意击穿某一关键均线，使其看起来已经破位，从而达到诱空的目的，或者是短暂地站上某条均线，使其看起来有走多的迹象，吸引投资者介入后再反身杀跌，从而达到诱多的目的。这种典型的诱多和诱空在均线系统中是比较常见的，与均线系统不同的是，BBIBOLL并不是普通投资者的常用指标，能够熟练使用的人就更少了，骗线的可能性很低，并且其自身属性也使其稳定性和准确性都非常高，在判断趋势时往往可以起到相当重要的作用，所以不妨将均线与多空布林线切换使用，用不同的思路看待同一标的，往往会有奇效。相较于多空布林线的三条线，均线中可参考的条数更多，相互关系也更复杂，特别是在横盘期，交叉很多，我们很难运用金叉死叉的技巧，因此，一些投资者在接触多空布林线后，判断大盘趋势时就鲜用均线系统了。

大家在看大盘时，默认的界面一般是由K线、均线和量柱构成的，BBIBOLL并不是系统默认的指标，所以先要学会将其切换出来。点开看盘软件的主界面后，键入"BBIBOLL"，右下角就会出现多空布林线这一指标，选中即可将均线切换成多空布林线，如果我们想再切换成均线，只需键入"MA"，其他指标同理。在这之后，我们还需要将视线移向界面左上角调整其参数，默认的参数是11和6，我们尽量不要改动这个参数。如果需要更改参数，方法和均线系统更改参数的方法一样，在主界面的这三条线中任意选取一根线，点击鼠标左键，让它变成选中状态，这时点击鼠标右键，在弹出的窗口中，选择第二项"调整指标参数"，就可以完成参数的修改了。不同软件中，切换指标及参数的方法是不同的，我常用的看盘软件是通达信，所以我所介绍的切换方法只针对这一个软件。

我们在观察切换成多空布林线的主界面时会有一个直观的印象，即K线始终运行在三条轨道线之间，同时三条轨道线只有贴合和开口这两种状态，不会形成交叉。在左上角指标参数后面，有三个数值，与轨道线呈一一对应的关系，第一个数值标注为BOLL，对应的是图上的中轨线，第二个数值标注为UPR，对应的是图上的上轨线，第三个数值标注为DWN，对应的是图上的下轨线。

在这三条轨道线中，最重要的是中间的这条轨道线，中轨线实际为BBI，即多空线，又被叫作牛熊分界线（见图4-1），是我们衡量指数强弱的最重要的一条线，其计算公式为：BBI=（三日简单移动平均价+六日简单移动平均价+十二日简单移动平均价+二十四日简单移动平均价）/4。其本质为不同时间周期的移动平均值再平均，也就是将多条均线的结果再平均，综合考虑不同均线对趋势的影响，故其骗线的可能性极低，对于趋势判断的稳定性更佳。中轨线的计算方法并不是我们学习的重点，只要知道它怎么用就可以了。

上下轨的实质是以多空线为中心，以多空线的标准差所形成的带宽上下延展得来的，两条轨道线围绕中轨线运行，所以三条线只有相对位置的关系，而不会有交叉点的形成。

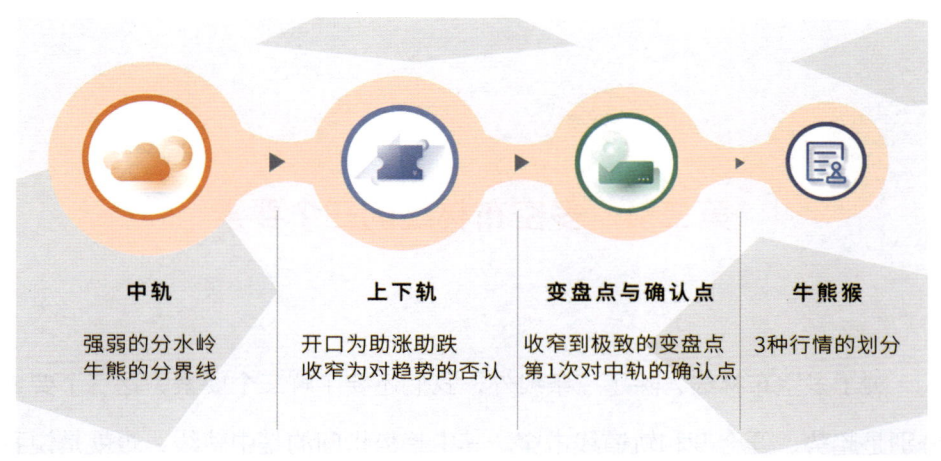

图4-1

以上即BBIBOLL的三条轨道线的由来，我们通过它们的计算方式可以了解到其对于趋势追踪的独特优势，但对于普通投资者来说，并不需要深入了解其数理模型，而是应该将重点放在如何应用，电脑会自动帮我们计算出结果并画出图形，这与我们之前拿着坐标纸自己画K线的时代已经大不相同了。

在这三条轨道线中，中轨线的作用是比较突出的，在学习多空布林线的开始阶段，我们可以只学中轨线的使用规则，学透了中轨线之后，再把上下轨的关系叠加上去，准确性会大大提高。

第二节　多空布林线的三个要素

关于多空布林线，除了三条线外，我们还要了解三个要素，这三个要素分别是趋势、开合度和轨道线击穿。其中趋势指向的是中轨线，也就是说我们要用中轨线的上行、下行以及走平来判断大盘的趋势；开合度指向的是上下轨，上下轨的开口和收窄情况体现了对大盘趋势的助推和否认作用；轨道线击穿指的是指标和K线之间的交叉，我们把这些交叉的位置叫作穿越。

BBIBOLL的趋势要素指的是中轨线的趋势，由于中轨线实质为BBI指标，其本身就有极强的趋势指向作用，因此在实际应用中首先要注意的就是BBIBOLL中轨线的趋势走向，这时我们先不考虑上下轨变化，可以将中轨线的趋势划分为三种：上行、走平与下行。均线也不外乎这三种状态，大家学过了均线之后，对中轨线的趋势应该很好理解。

从图4-2中可以看到，在区间内，中间轨道线的数值持续增长，表现在图形上即中轨线明显上行。这种走势下，中轨线对股价形成了持续不断的支撑作用，K线基本沿中轨线上行，当偏离中轨线过远时会有向中轨线靠拢的要求，所以每一次回踩接近中轨都视为阶段性低点，为很好的介入时机。此时大趋势明确向上，为典型的强市特征。那么在上行趋势中，我们可以贴着中轨线去买进，准确性很高，而且不需要我们追买。

第四章
多空布林线

图4-2

中轨线的上行趋势不只是针对大盘来讲，套用到个股上也是一样的。在一些非常强势的个股进入主升阶段时，中轨线往往也会表现为上涨趋势且极为陡峭，对涨势形成明显的支撑和助推作用，这个阶段也是盈利增长最快的一个阶段，这时大家千万不要被几根阴线吓跑，否则会损失很多利润。

与上行趋势对应的，是下行趋势，中轨线数值不断下降，表现在图形上为中轨线明显下行。在这种走势下，中轨线对股价起到了持续不断的反压作用，K线基本沿中轨线下行，当偏离中轨线过远时有向中轨线靠拢的要求，每一次反弹接近中轨都视为阶段性高点，为很好的离场时机。大趋势明确向下，为典型的弱市特征。在这波行情中，股价即使反弹也不会顶破中轨线，等到下行趋势走缓走平，K线不再运行在中轨线下方，转身站上中轨，它的下跌趋势才能结束。所以我们完全可以借助多空布林线避开下挫，不要因为一根阳线出现，就着急追进去。需要注意的是，跌势越急，中轨线下行越陡峭，对股价的压制越强烈，为应该重点回避的杀跌行情，大家要视跌幅情况来调整操作。

在上行趋势与下行趋势外，还有一种横盘震荡走势，此时也是趋势不明，股价多变的阶段，横盘震荡走势可以说是三种趋势当中最变化莫测的一种，但同时也具有承接转势的重要作用。单边的牛熊市都是比较好操作的，只要多空布林线的中轨线不出现拐头，牛市中，股价不跌破，我们就坚定地站多方，熊市同理。最难的就是中轨线走平，多空布林线的趋势不明确的时候，我们管这个市场叫作猴市，因为它较为复杂，往往需要与上下轨线结合起来综合判断，在此仅做简单了解即可。

知道了在各个趋势下应该怎么做之后，我们还要知道趋势什么时候会发生转折，即转折的确认点（见图4-3）。其需要满足幅度和时间两个要求：股价击穿或站上中轨线的幅度要超过1%；股价击穿或站上中轨线的时间要超过三天。如果同时满足了上述两个要求，就说明原有趋势将会发生转折，再结合上下轨线的开口和收窄，其确定性将会更高。

第四章 多空布林线

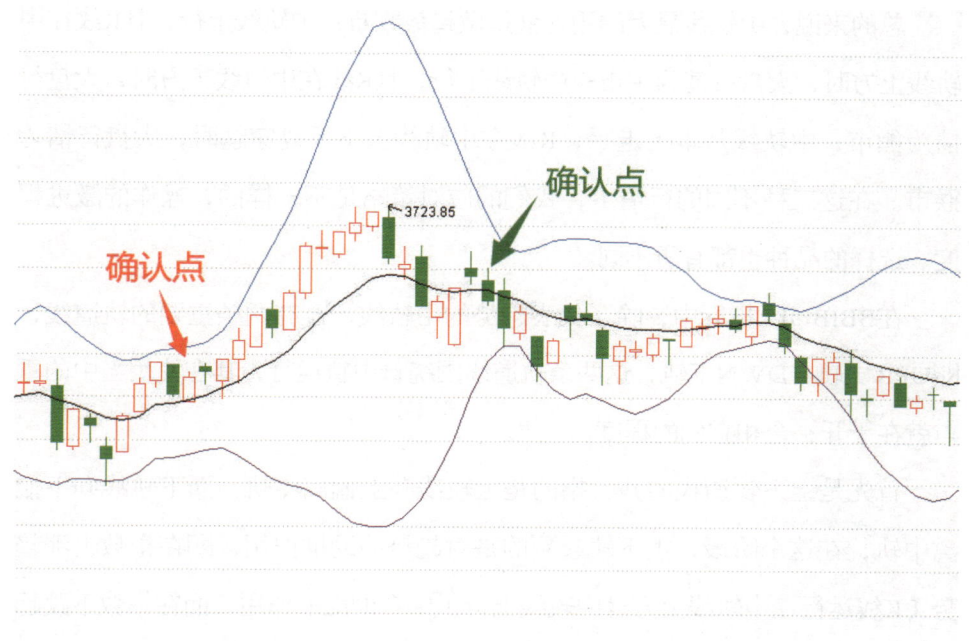

图4-3

当指数由下而上突破中轨后并且关键点满足这两个要求，其后的最近一次回踩中轨的位置视为上涨确认点，为踏空者最佳的介入时间；当指数由上而下突破中轨后并且关键点满足这两个要求，其后的最近一次反抽中轨的位置视为下跌确认点，为被套者最佳的离场时间。

一旦趋势被确认点确认，其持续时间往往是中期的，即以周为单位。在重要的顶部和底部，确认点往往为最佳的操作时间点，这是因为顶部重挫后往往有反抽，此时的减仓比之前的恐慌性减仓更划算，而底部刚刚启动后主线并不明确，回踩确认时为最佳调仓换股时机。

总的来说，中轨线最大的用处就是做趋势判断：中轨线上行，且K线在中轨线上方时，大盘行情为牛市；中轨线下行，且K线在中轨线下方时，大盘行情为熊市；中轨线基本上走平，K线在中轨线上下反复穿越时，大盘行情为猴市。在这三种不同的行情下，我们的应对策略是不一样的，操作的激进程度、选择的品种也都有所不同。

在BBIBOLL指标中，除了代表趋势的中轨线，还有两条重要的轨道线，即UPR上轨与DWN下轨，这两条轨道线围绕着中轨运行，其在使用当中的重点就在于开、合和它们的程度。

首先是上下轨道线的开，指的是上轨线向上偏离中轨，而下轨线向下偏离中轨，在这个阶段，上下轨起到的是对趋势的助推作用，即在指数上涨趋势（K线运行在中轨线上方且中轨线上行）中有助涨的作用，而在指数下跌趋势（K线运行在中轨线下方且中轨线下行）中有助跌作用。

我们来看图4-4，前半程中轨线基本走平，K线围绕中轨线上下反复走出小阴小阳，涨跌幅度都很小，不走强也不走弱，这个阶段就是我们说的猴市。此时结合上下轨来看，可以看到上下轨没有明显开口，指数波动幅度较小。直到中轨线转为向上，上下轨明确开口之后，出现了一波典型的主升行情，涨速明显加快，涨幅也显著增大，这一典型的助涨行情持续到上下轨的开口收窄。

第四章
多空布林线

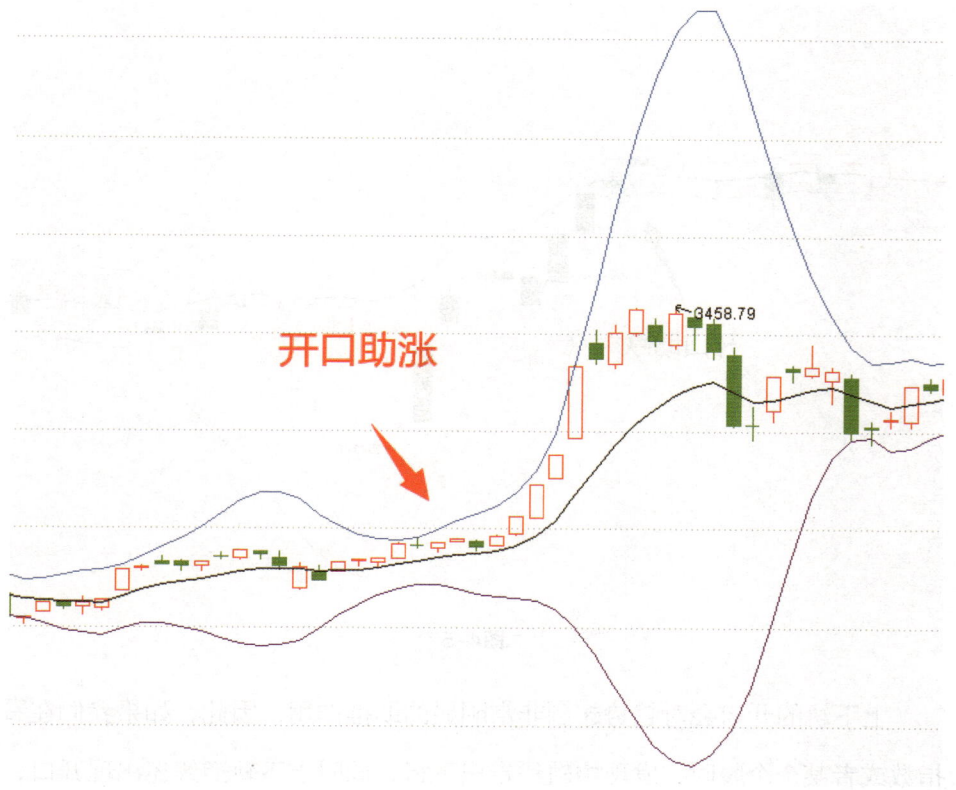

图4-4

图4-5的下跌行情中，在上下轨开口之后，跌势明显加快，为一波明显的助跌行情，在开口收窄前，一直都处于一个单边下跌的状态，这一阶段也是杀跌最为惨烈的阶段，如能回避则可以避免巨大的损失。

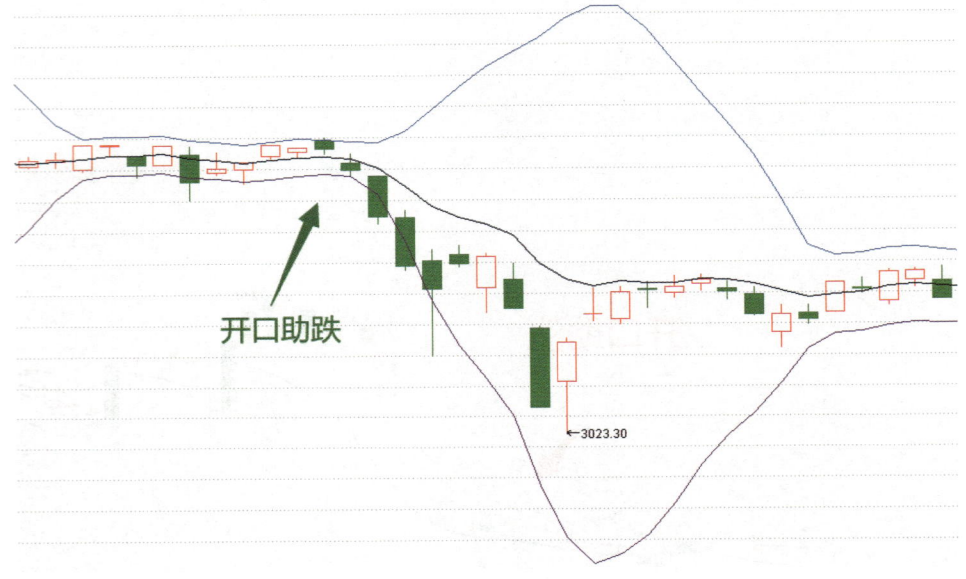

图4-5

上下轨的开口会对趋势起到非常明显的助推作用，因此，如果我们在看指数或者某个个股时，发现中轨线走出下行，同时上下轨道线还出现开口，要尽快减仓，反之，如果看到的是上下轨道在上行趋势下出现开口，那么一定不要轻易卖出，这是可以扩大盈利的主升阶段，要好好把握。

与上下轨的开对应的就是上下轨的合，即上轨线拐头向下，向中轨线靠拢，下轨线拐头向上，同样向中轨线靠拢，这样的阶段被称为上下轨收窄。其作用为对原有趋势的否认作用，即在原趋势为上涨（中轨线上行且K线位于中轨线上方）时宣告涨不动了，当然并不意味着行情要转跌，也有可能转为横盘震荡；在原趋势为下跌（中轨线下行且K线位于中轨线下方）时宣告跌不动了，同样这也并不意味着行情马上就要转涨，也有可能转为横盘震荡。

图4-6中的行情在上下轨收窄之前为一波相当不错的上涨行情，但是从上下轨收窄开始，指数由涨转跌，宣告了单边上涨阶段的结束。如果我们单纯借助中轨线来判断牛熊市，牛熊市的分界线是在长阴跌破中轨线的位置，显然上下轨收窄的时间点甚至要比指数跌破中轨的时间点更早，几乎就出现在见顶的当天，有极强烈的警示意味，所以我们把上下轨的收窄叫作预警信号。在实战中，上下轨收窄的超前预警能够让我们有效规避下跌风险，不要等到红灯出现再踩刹车了，如果能在收窄的过程中及时做减仓，就可以避开之后的下跌。至于后续，很明显转成了震荡行情，此即涨升过程中上下轨的收窄对上涨的否认作用。

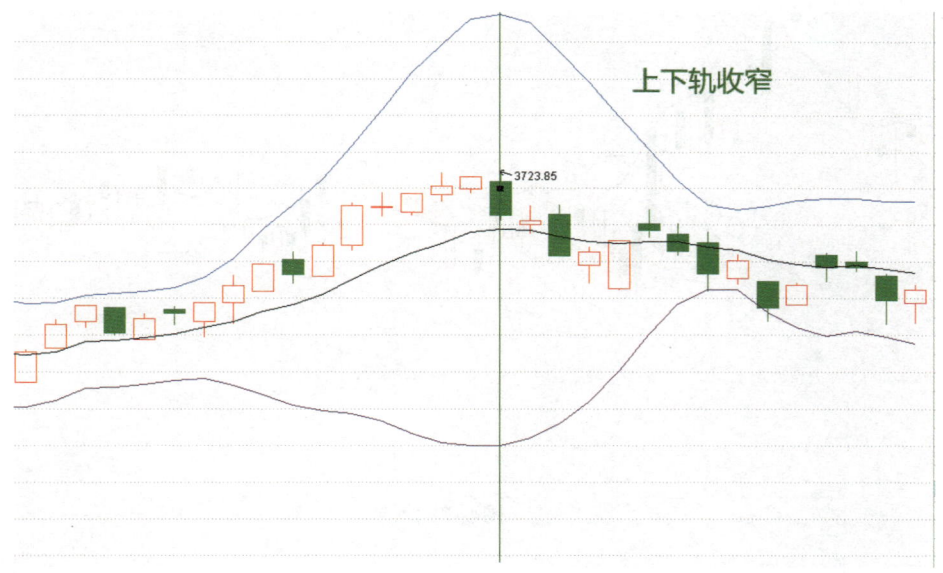

图4-6

讲完了上涨行情，我们再来看一波下跌行情。经过一段时间的下跌，上下轨刚刚收窄一点，又出现了开口，这次开口幅度很大，直到上下轨拐头快速向中轨线靠拢，跌势才就此趋缓，在此之后上下轨就没有明显的开口了，一直保持在一个极小的区间里震荡，同时中轨线转平，大盘转为典型的猴市震荡行情。图4-7中上下轨开口的收窄可以视为止跌的信号，有强烈的止跌预示意味，当然并不是说会立刻转为强势进攻，但此时行情性质已经发生转变，之后大概率会转震荡，再杀跌就已经不太划算了。

图4-7

在讲穿越这一要素之前，我们要了解BBIBOLL指标的一个特殊性。它是少有的几个主图指标之一，即可以在主图上与K线同时显示，这样的特性才使得穿越要素得以实现，而大家以往用到的指标大多是副图指标，即显示在下方的指标专区，比如我们常用的RSI、KDJ等指标，这些指标通常是无法叠加K线的。

指标在主图中与K线形成叠加，意味着我们可以利用K线和指标线之间的关系做更加精准的判断，在二者形成的位置关系中就会出现一种较为特殊的状态，叫作穿越。穿越分成两种，一种是K线对于中轨线的穿越，另一种是K线对于上下轨线的穿越（见图4-8）。

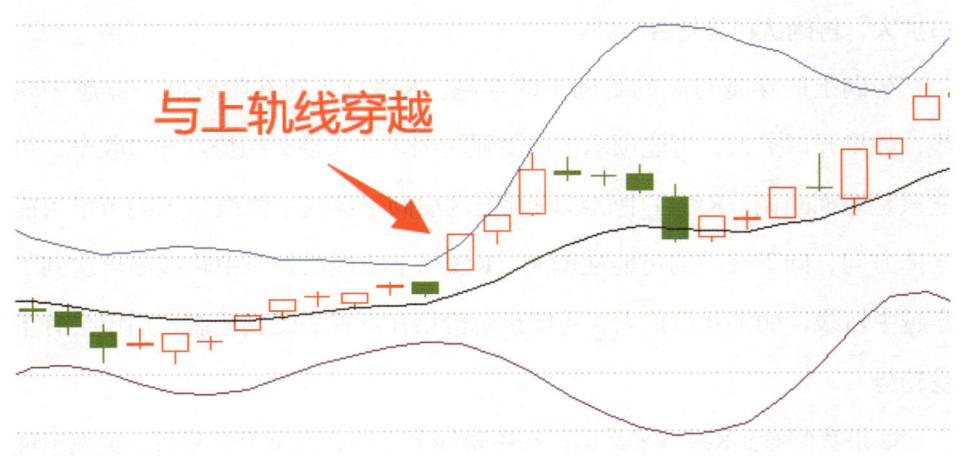

图4-8

K线与中轨线之间形成的穿越，从方向上看还可以分为向上的穿越和向下的穿越，如果此前K线运行在中轨线下，某日收盘价格高于中轨线的数值，即为向上穿越中轨，注意穿越主要看的是收盘价，如盘中站上而收盘未能高于中轨，则穿越不成功。

K线原本运行在中轨线下，说明之前一直是弱势，站上中轨意味着初步具备了转强的能力，如果反弹，只能顶到中轨线，无法站上，就谈不上任何的转强了。由于中轨线的一个重要作用就是牛熊分水岭，因此当股价向上穿越中轨即代表着行情的性质发生了改变，由弱转强，这是一个相当值得注意的信号。K线从下轨线附近站上中轨线，如果上下轨开口扩大，且K线站上中轨超过三天，可能预示市场由弱转强，进入多头趋势。但是在猴市中，价格从下轨线反弹并站上中轨线，可能只是短期反弹，而不是趋势反转。K线站上中轨线但开口收窄，这表明市场波动性降低，可能即将选择方向，需要等待开口扩大，再确认趋势是否突破。

与向上的穿越对应的是向下的穿越。K线从上轨线附近向下穿越中轨线，如果开口扩大，可能预示市场由强转弱，进入空头趋势。开口收窄，可能只是短期回调。K线在中轨线附近震荡后向下穿越中轨线，表明市场可能选择方向，向下突破的可能性增加。K线从下轨线反弹至中轨线后再次向下穿越中轨线，如果开口扩大，可能预示价格在反弹后受到压制，后市会有下跌趋势。

如果我们看到K线本来是运行在中轨线上方的，到某个交易日，突然出现了一根K线跌破中轨线，那就要小心了，这可能意味着行情性质由强转弱，之前的强势就要结束了。如果中轨线如图4-9所示，由上行转为下行，且连续三日运行在中轨之下，即便此时上下轨还没有典型的助推作用，也可以说明大趋势已经转坏，我们此时需要做的就是，以中轨线作为反压位，贴着中轨线卖出。

第四章
多空布林线

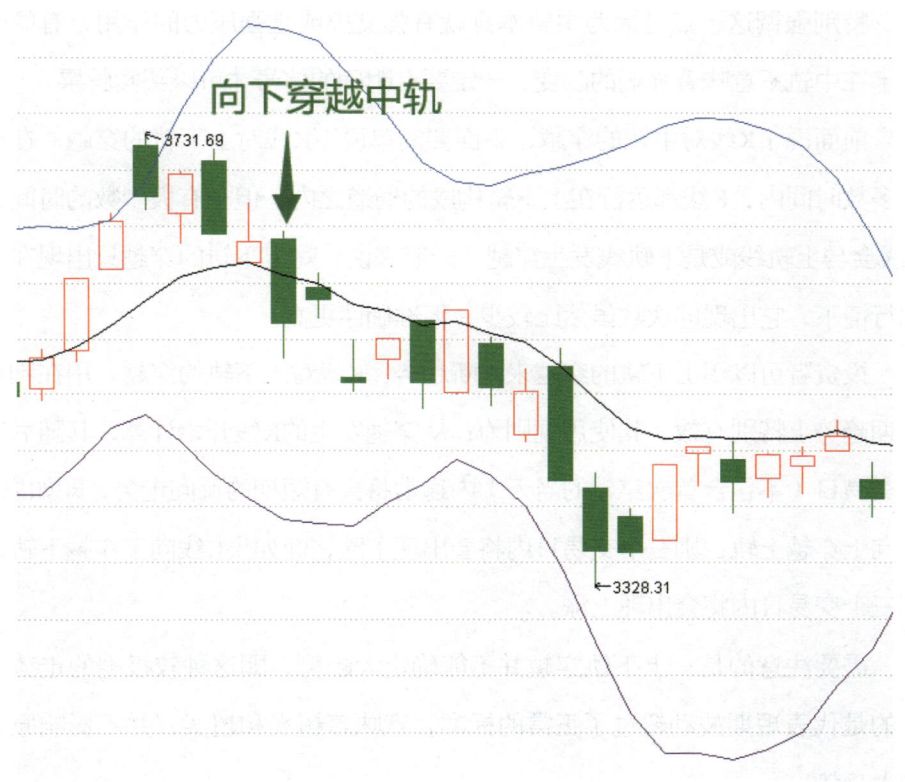

图4-9

K线穿越中轨时投资者需要注意，有的时候K线的收盘价确实高于或低于中轨，但差距极小，表现在K线图上即收盘价与中轨线基本重合，这时就需要进行界定：如果收盘价与中轨线数值在10个点以内，只能称之为卡在中轨线处，而不能叫作有效的穿越；只有收盘价高于或是低于10个点以上，才叫作有效穿越。这可以说是一个硬性指标，如果达不到，我们就不能视其为有效穿越，只能将其作为一个待观察的对象来看，在实战中要是遇到了，可以当作一个预警信号，继续关注后续的情况。

特别强调这一点是因为中轨本身就有强支撑或是强压力的作用，有的时候卡在中轨不意味着强弱的改变，一定要有明确的信号才可以买卖股票。

前面说了K线对中轨的穿越，下面要简单说下K线对上下轨的穿越。在绝大多数时间内，K线都运行在上下轨构成的通道之内，但也有极少数的时间，K线会与上轨线或是下轨线发生穿越。一般来说，对上下轨的穿越只出现在极端行情下，它出现的次数虽然比较少，但准确性更高。

投资者可以用上下轨的穿越来判断趋势。K线对上下轨的穿越，用在判断短期趋势上特别有效，其使用规则为：从穿越发生的K线开始计算，其随后三个交易日（不包含首次穿越的当天）内通常将会有短期的反向走势，即如果K线向上穿越上轨，则三个交易日内将会出现下跌，而如果K线向下穿越下轨，则三个交易日内将会出现上涨。

需要注意的是，上下轨穿越并不能确定大趋势，即这种较极端的走势更多的是代表短期波动超过了正常的标准，意味着超卖和超买，并不影响原有的大趋势。

我们从图4-10中可以看到K线与上下轨形成的两次穿越。第一次是K线跌破下轨线，我们往后数三天，这三天内形成向上反弹的概率极高，图中走势也的确符合我们的预期。在这之后K线很快击穿上轨线，同理，继续向后数三天，在第三天出现了下跌，进一步验证了我们的预期。这两个位置都给出了非常准确的短线交易的信号，简单来说，K线下穿下轨线是反弹信号，可以就近选择合适的时机买入，而K线一旦上穿上轨线，即视为下跌信号，回调的可能性比较大，就不要追买了。联系之前所讲的内容，就可以很好地理解为什么说穿越不改变大盘的趋势，因为它只对短期的回落、抬升有提示作用，我们可以借助它的这一功能做好短线操作，实现高抛低吸。在实战的过程当中，穿越更多的是被用来把握次级波动，即用来判断短线行情，在穿越之后，通常会出现反向行情，但并不绝对。

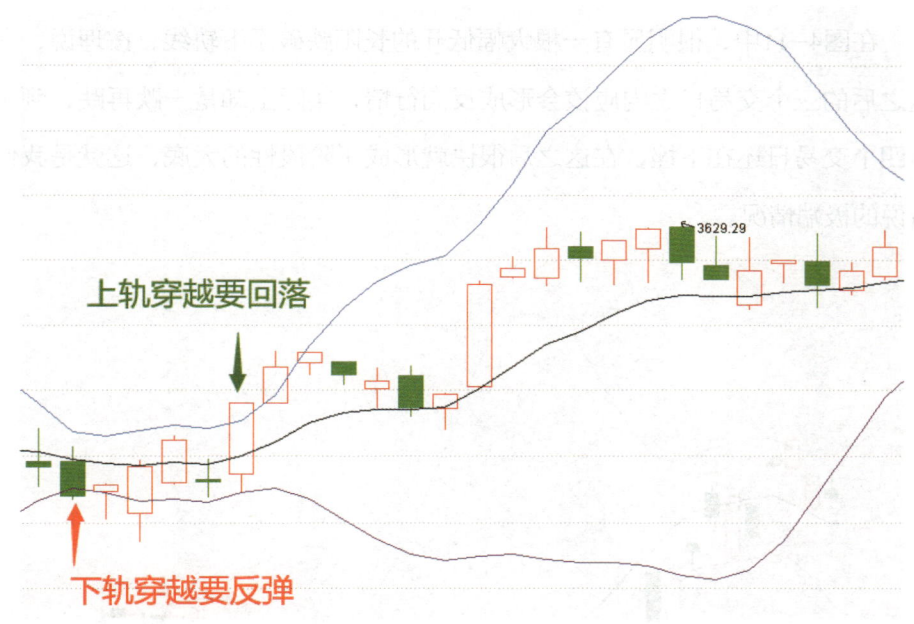

图4-10

在某些较极端的状态下，会出现K线与上下轨的穿越，而大部分时间里K线都应该运行在上下轨之间，这种穿越并不是常态，所以一旦发现穿越信号，则要注意短线的趋势纠偏作用，即K线向上穿越上轨预示回落，向下穿越下轨预示反弹，利用这一规律，就可以在突发性行情的状态下做好高抛低吸。

以上讲到的是K线对于上下轨形成穿越的常见状态。当然也会有更加极端的状态存在，即在形成穿越之后超过三个交易日没有出现反向走势，而是持续到了四个交易日甚至于更多，这种特殊状态出现的频率是很低的，可一旦出现，反倒是大大提升了其准确性，即在出现对于上下轨穿越后，超过三个交易日没有出现反向行情，容易形成的是阶段性的大底或是大顶。

在图4-11中，很明显有一根大幅低开的长阳跌破了下轨线，按理说，在这之后的三个交易日之内应该会形成反向行情，实际上却是一跌再跌，到了第四个交易日还在下挫，在这之后很快就形成了阶段性的大底，这就是我们所说的极端情况。

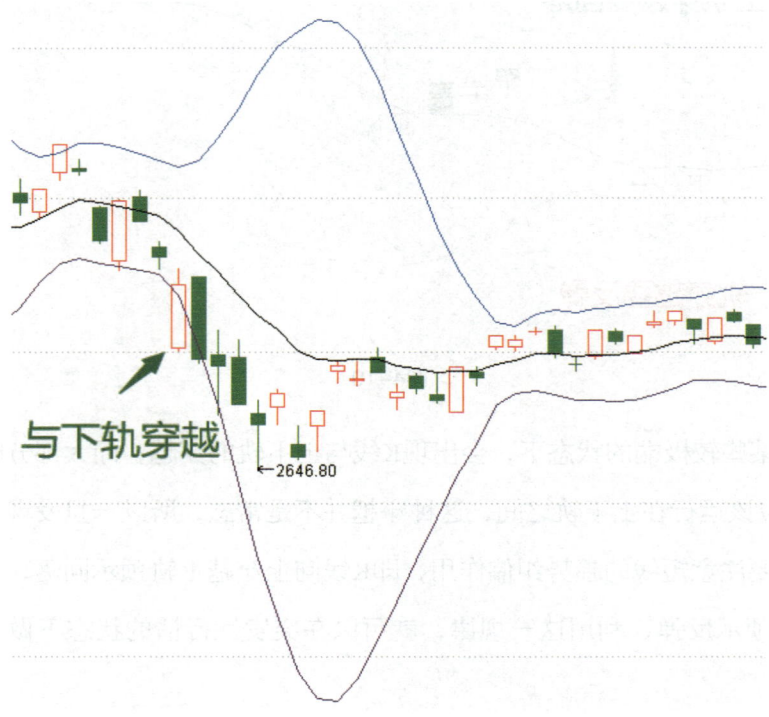

图4-11

到此为止，多空布林线的三个要素已经全部学完了，来做一个简单的回顾吧。我们通常用中间轨道线来做趋势的判断，上下轨主要是看开合，看它是对原有趋势起到助推作用还是否认作用，从K线和中轨线的关系上来看是否会出现趋势反转，以及利用在极少数情况下，出现的上下轨道线击穿，作为短线进出的依据。

关于多空布林线的三条线和三个要素涉及的知识点，我已经做了详尽的说明，希望大家在实战中，可以更好地使用这一指标，尽可能发挥出它的作用。

第五章

价势量擒『牛』核心技术

在之前的学习中，我们对价格、均线和成交量都有了一定的了解，将这些因素通盘考虑，做出综合的判断就是我们常说的战法了。许多投资者可能会觉得战法是一个很神秘、很专业的东西，其实不然，战法简单来说就是通过多方面考虑，挑选出走势特殊的品种，归纳出较为特殊的类型，作为短线交易的进出依据。

战法其实是对价势量三步做盘法的拓展，也是我们做技术分析的一项重要内容。因为黑马股和白马股的走势往往有极大的不同，所以战法一般分为两种——黑马战法和白马战法，比如白马股一般上涨的时间比较漫长，以缓涨为主，也就是既不涨停，也不停涨，如果我们对某只白马股进行分析，去找价格的高低差、均线的支撑等，会发现用作短线的思维去做白马股是很累的一件事情，可能一个小小的洗盘就出局了。而如果我们将做白马股这一中长线的方法，套到了一只黑马股上，问题也会非常严重，因为黑马股对于介入时机和离场点的要求非常高，很可能我们还在按照中长期趋势对股票进行把握时，一个没注意就错过了黑马股的卖点，容易被套在山尖上。所以，这两者是绝对不能混用的。

从黑马战法和白马战法中，我们还可以细分出数十种战法，这些战法只针对特殊的形态。由于我们的要求很严格，大部分股票走势都不符合战法的要求，不在我们的选择范围之内，因此可以将很多的普通品种剔除在外，经过几轮筛选，选股的圈子会不断地缩小，这样准确性就将大大提升。这一章的讲解重点放在黄金阶梯战法，以帮助大家更好地理解战法的含义，更好地吸收其他战法的知识。

如图5-1所示，黑马股启动时分为四个阶段，分别是震荡吸筹阶段、初拉升阶段、回踩破位阶段和主升阶段。震荡吸筹阶段的特征是股价小涨小跌，整体波动不大，成交量保持在地量水平且持续时间很长。初拉升阶段的特征是股价出现不错的涨幅，一般是10%到20%，上涨时间很短，成交量短暂放大。回踩破位阶段的特征是股价跌破关键均线或前一个低点形成破位，破位后成交量缩至地量。主升阶段的特征是股价快速拉升，成交量翻倍放大，出现主升阶段三大特点，上涨高度会非常可观。

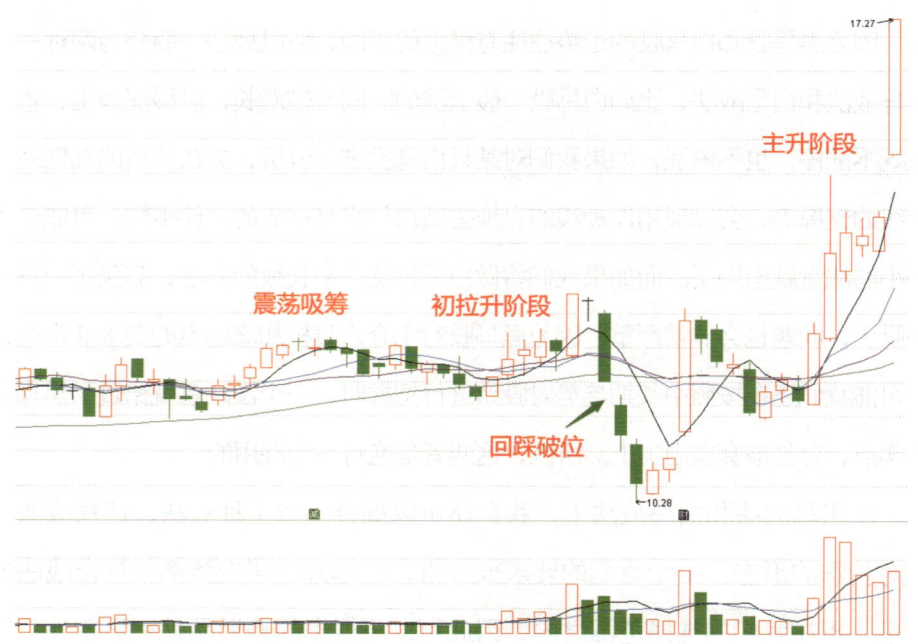

图5-1

黑马战法是一个短线的打法，在做短线的时候，重点要关注它的弹性，看它上冲的势头够不够猛以及时间的长短，我们要有一定的心理预期，千万不要把短线做成中线，同时我们要明白这是一种高收益、高风险的战法，风险和收益永远是对等的，只有大胆拥抱风险，才能博取更高的收益。

第一节　K线战法

（1）黄金阶梯战法

黄金阶梯战法是一种典型的黑马战法，我们可以利用这一战法找到短线的黑马股，但不能套用这个战法做长线。为什么说这一战法比较有价值呢？因为它考虑的因素非常全面，除了对K线形态组合有基本要求外，还对量能提出了严格的要求，这有助于大大提升它的准确性，成交量是否符合我们的要求，有些时候比对K线形态的要求还要重要。此外还有对空间回踩的要求。黄金阶梯战法简单总结起来其实就是买回踩点的方法。大家想一下有没有出现过这种情况：有的股票在做拉升时，冲得非常漂亮，我们心里十分激动，觉得这个股票再不买可就要涨停了，于是我们迅速完成买入的操作，结果没两天就回落了，这时候我们反应过来冲早了、买高了，这股票看来要完蛋，赶紧割肉吧，割完之后发现股价又被拉回来了，甚至又一次走出了主升。不敢买的时候，倒是天天涨，一买上就下跌。这种情况是比较有代表性的，它代表了在主升阶段之前，往往会有一个回踩洗盘的动作，我们的黄金阶梯战法做的就是回踩点，它要求空间有一定的回踩性，这样我们的成本就会比较低，毕竟我们追求的是买在回踩点，不需要去追买。另外这一战法还提出了对启动时间的要求，超过一定时间，我们就认定形态启动失败，这只股票就不能再要了。

在整体的技术分析中，不外乎四个因素——量价时空，黄金阶梯战法对这几个因素都提出了要求，限制一多，其准确性自然也就更高了。而在技术分析之外，我们还要做风险的管控，这也是特别需要重点强调的一点，因为很多股民朋友虽然知道止损，但在实战中，往往是看到股票跌了才想起来止损，很少有人会在买入股票之前就设定好止损位。如果我们提前设定好防线，那就会做足心理准备，一到止损位就果断减仓。而如果没有做好心理预期，遇到不符合我们设想的下跌时，我们会以各种借口劝自己继续持有，从而导致更大的损失。我们可以观察一下，股市当中凡是被套之后才设置止损的人，通常是卖不出去的，因为就算到了止损位，他们会想还有均线的支撑，跌破了均线后，他们的目光又会看向前期的低点，导致止损位一点点地向下退，直到退无可退，直到无路可走，最终的结果就是严重的套牢。当然，在系统学习技术分析之前，有一些错误操作是非常正常的，这也正是技术分析存在的意义，也是我们学习战法的原因。在黄金阶梯战法中，有着非常严格的止损控制，大家可以好好期待一下接下来的学习。另外，控制住风险后，如果股价走势和我们的预期是相符的，那么股价涨到多少才算是达到我们的预期了呢？止盈线要设在哪个位置呢？这就要提到上涨高度的预期了，而这一点自然也有被黄金阶梯所涵盖。

可以说黄金阶梯战法综合考虑了K线形态组合、成交量配合、空间回踩要求、启动时间的总体限制、风险控制及预期上涨高度等因素，算是将价势量综合使用的典型例子，通过这一战法的学习，我们可以初步掌握一个标准的交易系统及其流程应该考虑的各个方面。我们不断地在一个战法中加限制条件，就是为了把那些不符合我们要求的股票剔除出去，剩下的品种就组成我们的核心股票池，我们可以在这一股票池中优中选优，挑出启动性更加准确的品种。在学习黄金阶梯战法后，大家会发现我们的交易系统越完备、考虑的因素越多，后续的操作也就越简单，所以一定要把基础打牢，不要着急。

我们在讲K线组合的时候说过常见的组合一般包括两根K线或者三根K线，黄金阶梯战法比较特殊的一点是它是由四根K线组合的，不符合这种情况的就不考虑使用黄金阶梯战法了。其最主要的三个条件可概括为"倍量过顶、最大成交、阶梯背离"。希望大家能牢记这短短十二个字，最好做到一想到黄金阶梯，脑海里就能蹦出来这几个字。

第一个条件"倍量过顶"其实内含了两个要求，即"倍量"和"过顶"，也就是既要求成交量翻倍放大，同时还要越过最近的一个顶部。第二个条件是"最大成交"，也就是说不管上下影线呈何种形态，我们只要求量能达到最高。第三个条件是"阶梯背离"，实际上是考虑第三根和第四根K线的组合，要求是K线的重心要往上走，K线对应的成交量要往下走，这就是典型的阶梯背离。

我们来看一下图5-2中的这四根K线，对照三个条件来检查是否满足。首先看第一根K线是否满足两个要求，一是成交量要放大一倍以上，二是过最近的一个顶部。如图中所示，其成交量是上一个交易日的一倍以上，很多股票在启动时，成交量可以翻十倍，当然翻的倍数越多，成交量放大得越明显，准确性也就越高，但我们要记住，黄金阶梯战法要求至少放大一倍，这是最基本的要求。我们在黄金阶梯战法中，对形态固然有要求，但是对量能的要求会更加严格，这也是战法的一个特殊性，量在价先，成交量变化的重要性要高于上方K线组合的重要性，所以第一根量柱一定要符合倍量要求，不符合这个条件的就不需要再往下看了，直接过滤掉。这里还有一个技巧，我们之前也提到过，如果单看量柱情况，放大程度没那么明显，没办法通过直接观察确定量柱高度是否放大超过一倍，我们可以通过看当日的换手率是否超过前一日一倍以上来确定。顶部，大家应该都能理解，就是在一个上涨阶段结束后，K线重心不再上移转而向下，这一拐点就叫顶部。关于过顶这个条件，只要当天的收盘价高于最近的顶部即可，并不要求过历史性大顶，即使与最近的顶部只有微弱的高度差，与历史性大顶比起来差距很大也没关系。图中的第一根K线完成了很标准的过顶，向左看，收盘价明显超过了最近的一个顶部。综合这两个因素，我们说这根K线是满足倍量过顶的要求的。

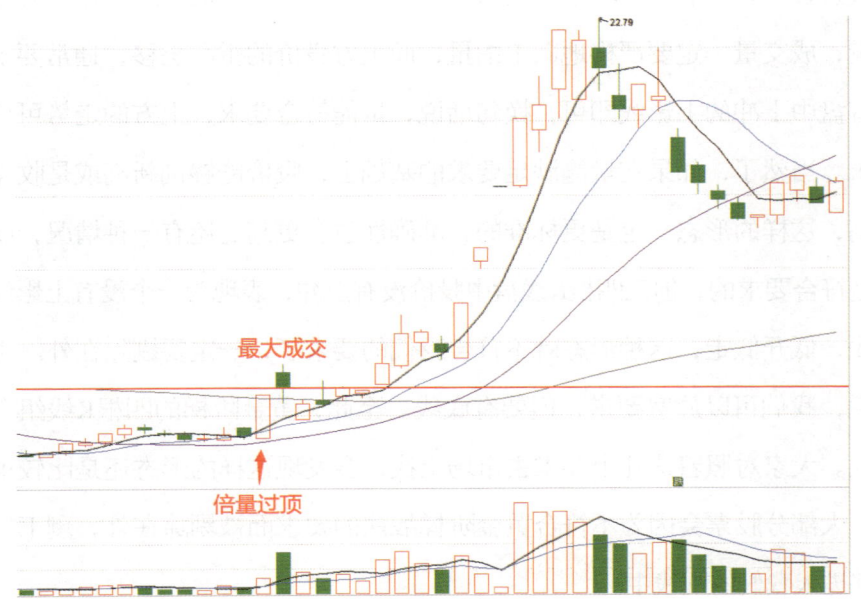

图5-2

对于第二根K线，我们只有一个要求，即成交量达到近期的最大，既要高于"倍量过顶"的那根K线的成交量，也要高于随后两日的成交量，形成近期量能的"山尖"，至于这根K线是阳线还是阴线，有无上下影线，皆没有要求。举个例子，如果有一根K线，当天开盘价很高，冲高回落，形成一根巨大无比的阴线，阴量非常大，确实是天量，但它是天量阴，这算满足我们的要求吗？其实是满足的，只要成交量达到了近期最大，前后几日内，都没有超越它的量能，在两侧量能中间形成顶部，那就足够了，我们结合图5-2可以更好地理解它的定义。

第三根K线要和第四根K线组合来看，要求的是下方成交量逐级递减，而上方股价重心要向上移，形成一个向上、一个向下的"阶梯背离"。由于在实战过程中，我们会发现很多股票的重心上移是不明显的，所以还是要优先看量，成交量一定要严格地向下缩量，而上方股价的重心上移，通常要求两日有盘中上冲的上影线即可，换句话说，量能符合要求，上方的走势可放宽要求。当然了，如果在量能满足要求的基础上，股价能够创新高或是收盘价走高，这样的形态一定是更标准的，准确性也会更高。还有一种情况，成交量是符合要求的，但三四根K线盘中股价没有上冲，表现为一个没有上影线的阴线，低开低走，这种形态就不符合我们的要求了，一定要剔除在外。也就是说，我们可以放宽要求，但要有底线。至此，黄金阶梯的四根K线组合即完成。大家对照着这几个要求去市场上找，会发现这样的形态还是比较难找的，大部分股票会因为不符合黄金阶梯战法的要求而被剔除在外，剩下的才能够进入我们的视线中。

当四根K线运行完毕之后我们就可以画黄金阶梯线了，这条线非常重要，不可以画错，因为它既是我们未来介入的参考价格，也是介入后风险防范的止损参照，如果画偏了，就会导致我们选错买进点，所以需要牢记画线的要求。

　　首先，黄金阶梯线要画到最大成交量的那一根K线上，即四根K线组合的第二根K线。之后就要观察最大成交量对应K线了，如果K线的实体较长而下影线较短，也就是图5-3这种情况，则画在K线实体的下沿，K线是阳线，那么就画到当天的收盘价，K线是阴线，则画到它的开盘价处；如果K线实体较短而下影线较长，即图5-4这种情况，则画在下影线处；如果K线实体与下影线几乎等长，则仍画在K线实体下沿。总的来说，除非实体过小，否则一定优先考虑画在实体下沿。

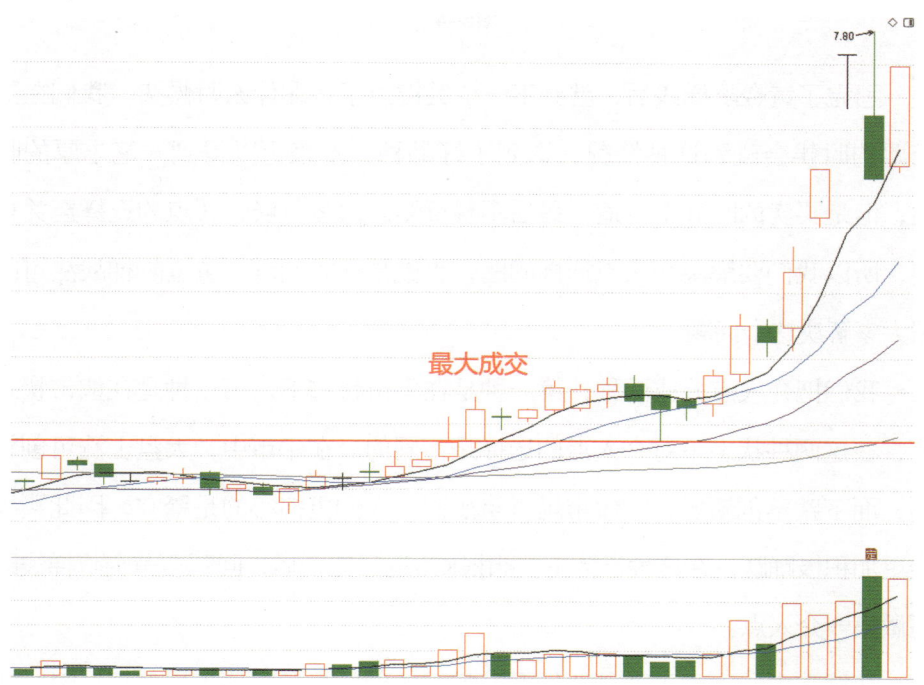

图5-3

图5-4

画完了黄金阶梯线后,就到下一个关键点了,即什么时候买。我们在买股票的时候会碰到这种情况,选到了好品种,本来可以得到一笔丰厚的收益,但是买卖的时间不合适,最后不赚反赔。很多时候,买点的选择至关重要,所以我们要解决介入点选择问题,也就是择时问题,黄金阶梯战法可以帮大家解决这个问题。

我们把介入点分成两种,第一种是在牛市状态下,第二种是在熊市状态下,在这两种状态下对介入点的选择是不同的。在牛市中,大盘上涨可创新高,而下跌不创新低,整体市场气氛热烈,人们更担心的是踏空,因此买入会更加积极踊跃,在这种行情下,四根K线运行完毕后,回踩至黄金阶梯线即可做第一介入点。

在熊市中,大盘下跌创新低而反弹不能创新高,整体市场气氛低迷,成交量稀少，参与热情不高，在这种行情下，介入要更加谨慎，如果股价跌破黄金阶梯线后还能够重新站上，支撑性验证有效，说明它有能力收复这条线，我们才认为它的趋势更明确，有更高的安全性，此时可以介入。所以不要太心动于黄金阶梯线下的低点，要等拐点形成，量价配合理想，股价重新走强才可以介入。

为什么说黄金阶梯战法准确性高？因为它在选择个股时，除了价势量外，还会综合考虑到市场环境的因素，它考虑得越全面，我们做出的抉择依据越充分。

当四根K线组合完成，且符合介入点条件后，就要做好风险控制的准备了，如果连续两日收盘价低于黄金阶梯线，则止损出局。这一止损条件是相当严格的，因为介入点本身就是回踩点，贴着黄金阶梯线买入后，要求不能连续两日收盘价低于这一位置，即黄金阶梯线应该是重新启动后的强支撑线，短暂跌破没关系，长期跌破则风险就会增加，所以即使后两天的股价仅略低于黄金阶梯线，下跌幅度非常轻微，也要严格地执行止损，不可有侥幸心理。其实这也是对我们心理素质的一种检验和训练，在这个严苛的止损条件下，通常来说，卖出的价格与我们的成本的价差不会太大，如果面对这点小亏损时，我们都不能执行止损，那等到大跌的时候更会止损无望。我们还需要注意，如果仅一天跌破，次日收盘价重新站上，就要重新开始计时，依然是按连续两日跌破再止损的条件去做防御。

我们以图5-5为例，看一下在实战中如何选择离场点。画好黄金阶梯线后，我们需要先判断是牛市还是熊市。虽然前期市场较为冷清，成交量和股价的低平状态都持续了一段时间，但是当前市场明显处于被激活的状态，逐渐活跃起来，进入牛市。既然是牛市行情，那么股价回踩到黄金阶梯线时即可介入，于是我们等了几天，等到了一根小阴线，其当天下影线回踩到黄金阶梯线，此处即为介入点，而且非常巧合的是，本次回踩的低点几乎就是在黄金阶梯线处，这种极端情况并不常见，实战中略跌破的可能性是更大的。我们接着看，可以看到随后虽然仍有震荡，但整体都处于黄金阶梯线之上，并没有再度考验这一支撑位。随着时间推移，股价一路上行，我们一路持有，这样就把一次短线交易，生生做出了一次长期的盈利，而按照黄金阶梯战法的预估上涨高度，应该看到10%至15%，但这并非绝对，只是一个预估，如图中所示，当其进入到加速期，可以拿15%作为止盈线，来博取更高的收益，而其后的卖点可以按天量阴的卖法选择离场，这样相当于将盈利进一步扩大。实战的过程当中，也会碰到上涨高度不及预期的状态，这个时候也不可过于教条，要视情况酌情处理。当然，如果介入后并没有成功启动，而是转为下行，那么守好黄金阶梯线的止损条件即可，这样可以做到心中有数，操作不乱。

  黄金阶梯战法对于时间也有特殊要求，当四根K线组合形成后，并不是所有的品种都会马上回踩黄金阶梯线并形成买点，有一些品种压根不给介入点，而是直接上涨。这个时候要注意，不符合黄金阶梯买进条件的品种要放弃，可能其形态会符合其他战法的要求，但已经不能按黄金阶梯战法参与。

第五章 145
价势量擒"牛"核心技术

图5-5

还有一些经过较长时间才回踩到位的情况，这就要约定一个时间限制了。通常情况下，四根K线形成后，超过七个交易日（约一周半的时间），仍未能形成买点的，则需放弃跟踪，后续即便符合条件，也不再介入。同理，如果是熊市当中，短期内已经跌破了黄金阶梯线，但随后超过七个交易日仍不能有效站上黄金阶梯线的，也要放弃介入。我们对短线的启动要求就是牛市中在一个较短的时间之内能够回踩到位，熊市中跌破后能在较短的时间之内重新站上。大家在实战过程中可以按照黄金阶梯战法的几项要求选一些股票到股票池中，不符合条件的就可以一一筛掉了，不能只盯着一只股票去看，否则会造成期待值过高，更加着急，最后很容易动作变形。

黄金阶梯战法还有一些优化条件是需要大家了解的，符合优化条件的股票，启动的概率会更高，也就是我们常说的优中选优，符合优化条件的股票是我们的首选。我们都知道第一根K线要求为"倍量过顶"，这一倍量的倍数越高，后续上涨的潜力就越大，即如果启动前为芝麻量，而第一根K线为旗杆量，则放大的倍数会很高，这样的启动会更加准确。

黄金阶梯第一根K线的过顶要求通常为超过最近的一个顶部，但如果此前K线运行在大箱体当中，这一个顶部超过了多个顶部，则其箱体突破的形态会更加漂亮，后续上涨的潜力也就越大。

黄金阶梯战法介入点形成后，如果后续的上涨过程中形成了成交量跃级，即成交量变成平台放大，比启动前明显上了一个台阶，这说明股价被充分地激活，上涨的持续性和高度都会更加理想，也是更值得看好的优化条件。

这几条优化条件属于有其更好，没有也可以的附加条件，主要是为了增加准确性，同时如果有多个标的同时符合黄金阶梯战法要求，则应挑选满足优化条件的品种去参与。

大家在详细了解黄金阶梯战法后，可以看到其综合考虑了股价、成交量、位置关系、时间、风险控制等多个方面，比传统的K线组合要求得更多，能符合的标的更少，准确性也更高，是新手入门后的进阶课程。类似这样的战法还有很多，并且白马战法与黑马战法各有不同，接下来会与大家慢慢分享。

（2）连续跳空跌战法

所谓战法，其实是特殊股票的集合，不能套用在所有的股票上，但正是因为它适用的范围很小，出现的次数很少，它的准确性才更高。如果一种方法适用于所有的股票，那它的准确性也一定是较低的。连续跳空跌战法就是一个不太常见的战法，我们通常会用来做抄底。

连续跳空跌的特征有三个。第一个特征是缺口明确，并且连续出现。股价的走势中，有时候会出现剧烈的下挫，这种剧烈的下挫并不是指单日的下跌，而是指股价在下挫的过程中留下很明显的跳空缺口，缺口之间的价差要非常清晰，如果上一个交易日的最低价和下一个交易日的最高价之间有重合，这就不能称为缺口。而如果只有一个跳空缺口，或者两个跳空缺口中间隔了一天，那么这一战法也不能成立。我们要记住，连续跳空跌的形态一般是三天里两个缺口（见图5-6）或者四天中三个缺口。

第二个特征是"一鼓作气，再而衰，三而竭"。向下出现跳空跌说明空方明显占优，在空方占优的情况下，第一天能打得很顺畅，第二天，多头依然无还手之力，但是到了第三天，整体的下跌会趋缓，这时候大家要考虑这一下跌形态的原因，以及为什么不是连续的一字板下跌。此时抄底的力量或者说介入的力量和反弹的力量会增多，同时在技术上也更容易形成超卖，也就是说卖的力量达到了一定的极限值，报复性的反弹力量就会比较强烈。

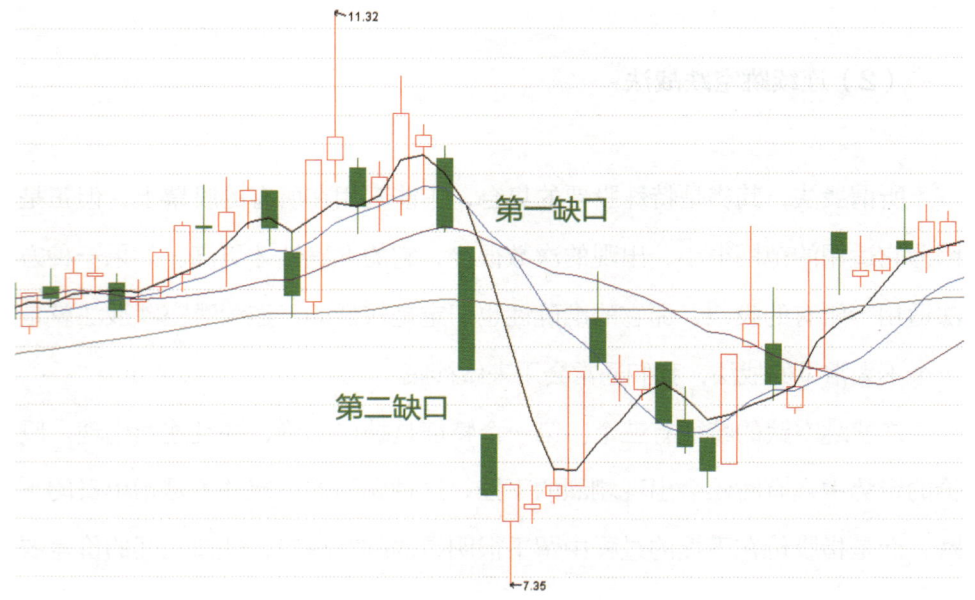

图5-6

第三个特征是两个缺口为常态。一般三天两个缺口后出现反弹是比较常见的，出现三个缺口是较为罕见的情况。还有一点要强调一下，大家不要混淆了连续跳空跌和一字板跌停战法（见图5-7），因为有的股票在下跌的过程当中，是直接封死一字跌停的。针对一字板跌停，我们有其他的抓黑马股的方法，与连续跳空跌战法不同，不能混为一谈。

只有满足上述三个特征的形态才能使用连续跳空跌战法，所以在使用战法之前，我们一定要先做好判断，如果用错了战法，很难得到好的结果。

第五章
价势量擒"牛"核心技术

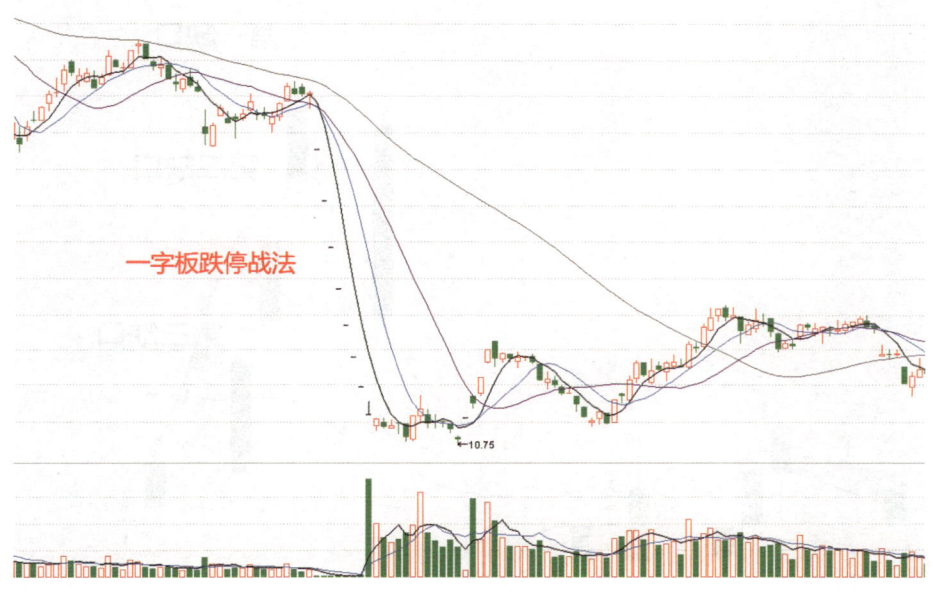

图5-7

连续跳空跌的形态比较特殊，在跌幅榜前列很容易找到这类遭到连续重挫的股票，当我们看到股票的形态符合连续跳空跌的要求之后，就可以继续下面的操作了。首先我们要考虑的问题是第一介入点的确定，也就是什么情况下可以做第一次的买入。既然叫第一介入点，就说明连续跳空跌的买法不是一次性买入的，它一般分成两个波段，至少两个介入点。先来看第一次买入是什么情况。第一次介入点是指连着两个跳空跌出现的次日的开盘价，也叫三天两缺口次日的开盘价。这个位置就是第一介入点。在黑马战法中有一个标准的加仓法叫作两步加仓法，我们通常用这个方法来平抑成本，在连续跳空跌中，我们就是用两步加仓法来确定第二介入点的，第一次买入为打底仓，盈利不追求过高，我们借助图5-8来具体了解一下。

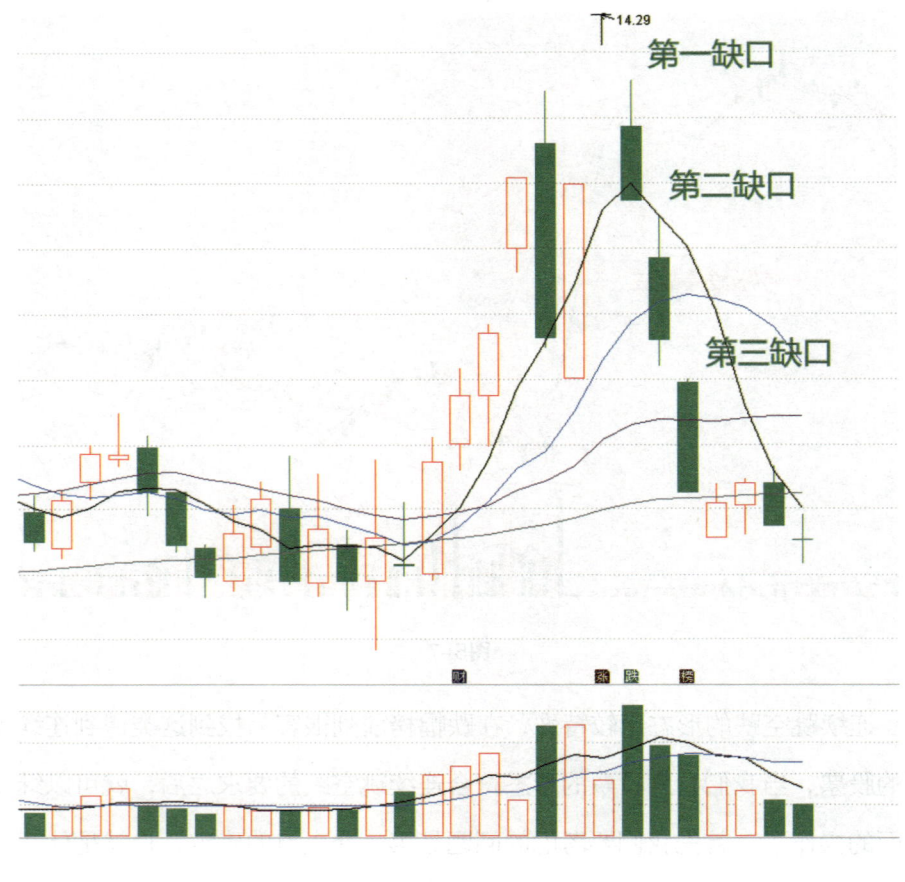

图5-8

我之前提到过，两缺口为常态，三缺口比较罕见，所以不能指望所有股票都能给我们留出向下的三个缺口，如果在实战中出现了和图5-8一样的三个缺口，我们依然是按照下面的方法进行买入，第三个缺口的出现对于我们来说是一个比较好的信号，意味着股价反弹的概率更大。

一般我们数到第二个缺口之后，在下一个交易日开盘时就要买入了，而如果是比较极端的四天三缺口，则要将加仓点向后推一日。之所以选择在开盘价就大胆介入，是因为这种连续跳空跌之后，报复性反弹的概率很高，所以我们在首次打底仓时可以稍微激进些。这时如果股价没有反弹，而是盘中继续下挫，我们就需要再一次买入来拉低成本，原则是以四个点的梯度来确定，即在相对于买入的股价下跌4%的位置买入。所以，实质上连续跳空跌战法的第一波段，是要做好两个介入点的准备，如果没有继续下挫的机会，则只能按开盘价介入一次，这是需要注意的。两次买入后，仓位已经安排完毕，当天不管K线走成什么样子，都没有离场的机会，需要等到随后出现反弹的时候，我们再做卖出。第一波建仓是为了打底，此时并不是该品种上涨最为猛烈的波段，不要指望在第一波买入后就能收获非常高的收益，一般来说，在股价拉升后，整体盈利能达到七个点以上即可，就算达到了第一波收益的预期目标，第一个波段的操作就宣告完成了。

　　接下来就是第二波段介入点的确立。在收割完第一波收益后，如果看到股价继续下跌，又发生了回踩，是应该高兴的，因为这意味着真正大涨的第二波段可能会产生。但要注意，本次回踩不能创新低，即不能跌破之前下跌的最低点，同时成交量要求快速下降。成交量配合的状态为必要条件，如果股价下跌的条件符合，而不满足成交量的条件，就不要再做第二次介入了，因为搏的是第二波段快速反弹，做的是主升期，所以我们对它的要求更加严格。如果股价和成交量两个条件都满足了，那么等成交量再次放大时，就是一个不错的介入点。

　　第一波段操作完毕后，已经有了七个点的盈利，成本相对来说比较低，这时继续观察股价的趋势，可以看到股价出现向下回踩，接近但没有跌破前期的最低点。在前期股价经历重挫反弹时，量能一直保持着很高的状态，但是在向下回踩的过程中，量能急剧萎缩，甚至只有前期高量的一半以下，这个缩量可以说是非常标准了，当它的缩量达到最低水平，并且重新上涨放量时，视为第二介入点，我们追求的最大盈利其实是在第二次介入之后产生的。

虽然连续跳空跌战法要求我们在做选择时要更加激进，但是在实际操作上并不是盲目激进，而是争取在控制风险上做到极致。在控制风险上有这样三个要点：第一，采取两步加仓法控制风险，通过摊薄成本，降低股价下跌带来的损失。第二，在第一波段后"做T"以降低成本，也就是在第一波反弹后，如果看到股价已经达到了预期的高度，取得了七个点以上的收益，就要及时减仓了，基本上要全部清掉，手中只留一百股（即一手）。这是因为根据它的形态，已经认定了在后续大概率会再次下跌，那么不管它什么时候下跌，即使可能在第一波段还有一些上涨的空间，在达到预期收益之后也应及时收手，而这留下的一百股就是留存的底仓，相当于在我们的账户中打一个钉子，之后看到这只股票符合第二介入点的条件时，还要再继续按第二波段的要求重新买进，这样操作也方便我们计算成本，简化后续的工作。第三，在选择第二波段介入点的时候，如果看到股价向下回踩创新低，砸漏了前期低点，就可以认定形态走坏，不再介入，之前留下来的一百股，这时候也可以不要了，选择较为合适的价格清掉即可，这样一来，可以大大规避后续的风险。

在黑马战法中，止损是非常重要的一点，了解战法的风险点，学会怎么控制风险，让我们的盈利奔跑起来，才是做黑马股的典型的应用方式。所以，虽然连续跳空跌战法是一个主要用来抄底的战法，有效降低了风险，但是仍然要设置止损。其止损条件和其他短线操作差不多，最大的止损控制为第一波段开仓平均成本价向下10%，如果已经下跌超过10%了，就要毫不犹豫地减仓。此外就是要做好两个波段之间的高抛低吸操作，抗风险能力就会更高。

（3）低开阳线聚宝盆战法

图5-9中的低开阳线聚宝盆战法也是一种短线战法，只能用来抓短线，不能做中线。它对时间要求比较高，所以这个战法有个特别称呼，叫作三天之内必涨的战法，意思是我们只看三天的形态，三天之内必须发力，没有发力，宁可平推出局。如果三天之内没有达到预期，只是小涨小跌，换成其他的战法，可能还能再等等，但是这一战法不能等，可以说这个战法有非常严格的时间管控。在这个战法中，介入点是比较容易找的，但是离场点很难找，如果想要出手，还要结合其他选择卖点的方法。

首先来了解一下什么是低开阳线聚宝盆。它是指在股票运行的过程中，突然出现一根低开的阳线，这根阳线低开的幅度较大，超过2%，并且没有下影线，一般要求当天的最低价和开盘价是要重合的，这是最标准的情况，也有一些时候，K线有一点点下影线，表现在价差上可能只有一两分钱，这种情况也是可以接受的，如果肉眼看来，下影线非常明显，那就说明它的走势不规范，不符合这一战法的要求。

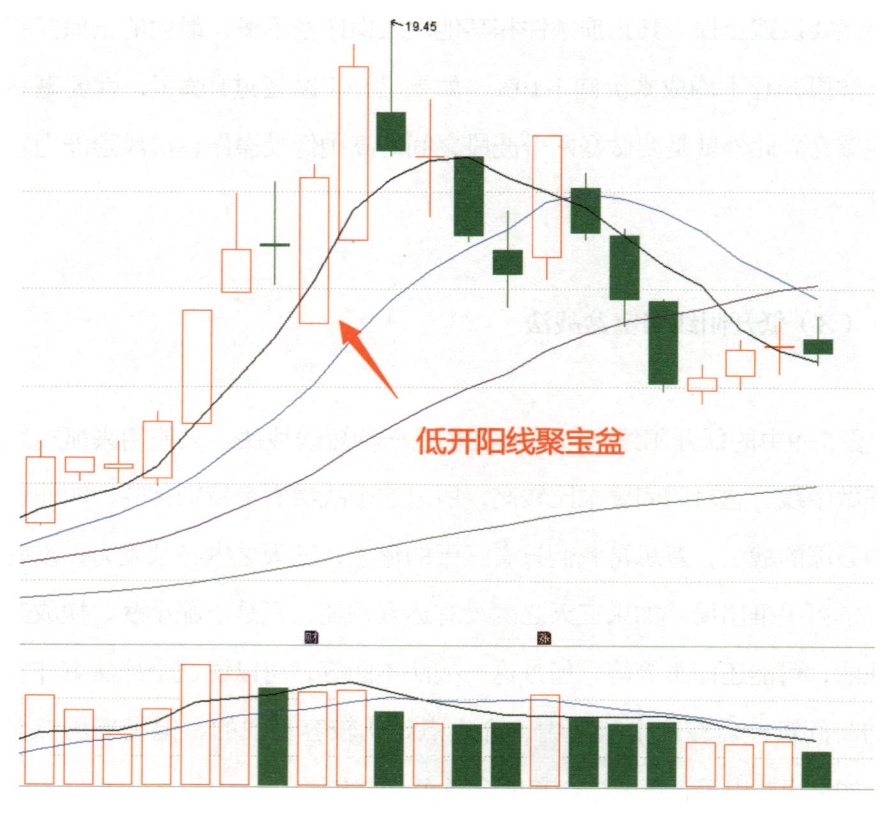

图5-9

符合上述条件的阳线出现后，我们的介入点是次日早间的开盘价，为了预防加仓后下跌的风险，仍然可以采取两步加仓法摊薄成本，这是做黑马战法时标准的加仓方式，即在跌出成本价四个点的位置二次加仓，这样就可以有效地降低成本。注意，不要才跌了一个点就着急买入，这样的加仓方式和一次性买入没有太大差别，不能达到摊薄成本的目的，所以至少要选取百分之四的价差。如果想结合分时图上的拐点做得更漂亮些，在跌得更多的位置操作，就需要更加进阶的方法了，对于新手来说，建议在没有太大把握的情况下还是以标准的两步加仓法为主。在使用两步加仓法时还会面临一个问题，那就是在我们第一次买入后，股价不再下跌，或者最低价始终没有到达低于成本价四个点的位置，没有加仓的机会，这样一来，我们所持有的仓位就会较少，这也是为了安全性而牺牲一部分收益的必要操作。要注意的是，此时不要觉得仓位没加到位，而在较高的位置追涨，这样做非常不划算，还是要尽量"做绿不做红"，在股价急拉的时候切记不要追买。

讲完了进场点，接下来就是离场点的选择了。在使用低开阳线聚宝盆战法时，离场点的选择并不固定，这类股票后续的变化非常多，有的股票可能冲了一天就回落了，也有的股票自此进入一个连续猛攻的状态，每个股票的走势是不一样的，所以选择离场点时也会有许多可能。可以按照顶部特征离场，有两种典型的顶部特征：一种是天量阳，那我们的离场点就是在次日；另一种是天量阴，即在股票的运行过程中，某一天股价出现大幅度高开，盘中冲高回落收阴线，成交量非常大，那么当天就可以离场了。还可以设置一条止盈线，这条止盈线要与时间相结合，如果不作时间上的要求则止盈无意义，通常如果在三日之内能够取得10%以上的盈利，就算达到了我们的预期，这次短线操作即视为成功。而如果三天之内股价只有小涨小跌，既没有触及我们的止损线，达不到割肉的程度，又没有达到我们的预期收益，那在第三天收盘之前就要选择离场了。要时刻记住，我们做的是短线交易，所有的短线交易对时间的要求都是比较严格的，时间一长，形态就会发生变化，所以，在实战当中，不要犹犹豫豫，不能把短线做成中线。

对于低开阳线聚宝盆战法，还有一些优化条件是需要我们清楚的。第一个优化条件是低开当日无原因为最佳。也就是在低开当天要看一下有没有重大信息，如果当天公司有业绩不达预期或者行业新动向的公告公布，那么这类低开是有原因的下跌。最好当天是纯技术性的低开，没有任何因素的干扰，这才是最理想的情况。第二个优化条件是这一低开阳线出现在上涨期为最佳，横盘次之，下跌末端最次。如果阳线本身处于上涨期，低开再向上，那么它的爆发性会更好，准确性也会更高；如果出现在横盘期，虽然这时出现的低开阳线聚宝盆我们也能参与，但是它的准确性会降低；如果是在连续下跌的状态下出现的低开阳线，尤其是在下跌末端出现，那么它的准确性就会打一个折扣。第三个条件是阳线实体远超上影线为最佳，比如在一些极端的情况下，阳线上涨至涨停，没有上影线，那它后续的反弹情况自然会更乐观一些，反之，如果上影线非常长，而实体很短，那么它后续反弹的力度会比较弱，这时我们就可以选择放弃开仓。

在这一战法中，我们的止损防线应设置在低开阳线聚宝盆的盆底位置，也就是以低开阳线的最低价为基准画一条水平线，跌到这个位置就需要止损了，即使只跌破了一分钱，也要卖出。

第二节　均线战法

（1）挖坑洗盘战法

在A股当中能够看到很多暴涨的股票在真正的启动之前通常都会有一个下杀的过程，我们称为挖坑洗盘，这是一种常态，也是A股的特点。

当我们看到一只原本走势较缓的股票突然出现了向下的剧烈破位，这次破位使得前期的均线、前期的上涨通道全部被打坏，但接下来又没有"转熊"，反倒是在短期之内重新进入了修复状态，随后是毫不犹豫地剧烈的上冲，这次涨幅就非常大了，可能会翻两倍到三倍，这就是一个典型的挖坑洗盘形态。可以看到它具有短线的爆发性，而后如果走着走着变成了一个长期上涨的品种，那么后续就要结合其他的方法来把握，在挖坑洗盘阶段还是要用做短线的方法去处理。

在什么情况下可以被称作"挖坑"呢？至少要满足"三破"要求中的一个。第一破是破均线。原始的上涨均线突然被下跌打穿，是一个常见的骗线，看起来均线好像告破了，形态走坏了，但其实可能是人为操作造成的。第二破是破前低。前一个阶段形成了一个具有高低差的震荡的箱体，这次跌破就是破了箱体的低点或者距离当下位置最近的一个低点，这给投资者的直观感受就是形成了破位，一个在较长时间内具有一定稳定性的箱体形态突然被跌穿，我们就会觉得这只股票有转弱的倾向，这也是一个常见的洗盘方式。第三破是破上涨通道。有些股票均线的支撑并不是很清晰，但是把所有的低点连起来，可以形成一个比较明显的上涨通道，跌破上涨通道也是挖坑洗盘的基本特征之一。一般来说，破均线是比较常见的，即使偶尔跌破了均线也会在短时间内形成反弹，破上涨通道不大常见，这是一个比较典型的信号。

在挖坑洗盘战法中，破位时间一般是在三到五天，如果一只股票下跌时间过长或过短都不可以使用这个战法。重申一下，短线战法对时间的要求是很高的，一定不能模糊时间要求。破位的情况以略破为佳，意思是既要形成破位，顺利完成清洗，同时也不能破得太多，一旦破位太多，无法拉回，很容易形成下跌趋势，显然这不是我们期待看到的情形。在杀跌过程中最显著的特征是成交量下降，这是我们区分这只股票是真正的破位还是挖坑洗盘的关键，有些股票其实是到了顶部之后形成的不断下跌，我们一定要和洗盘区分开。如果误认为这类顶部下跌只是上涨中继，之后还会涨回去，而选择死守股票，后续很可能会被深度套牢。而有些股票的重挫其实只是洗盘，我们却误认为是行情"转熊"，把股票都卖出去了，那么后续的主升期就跟我们毫无关系了。所以，区分到底是顶部的下跌还是洗盘的下跌对操作的重要性不言而喻。

在实战中，首先要先沿着股票低点画出上涨通道。一般来说，战法中的时间限制也是从股价第一次跌破上涨通道算起，而对于一些贴着均线走得非常漂亮的股票，我们所说的破位是指跌破最重要的那根均线的时间。比如某只股票的价格一直贴着它的二十日均线走，那么跌破二十日均线那天就是破位的第一天。而如果原本是在箱体之间走出震荡，那么破位的时间就是指破箱体下沿的时间。

在图5-10中我们可以看到，最后一个阶段的下跌的持续时间还是比较长的，那破位是从下跌的第一天开始算起吗？当然不是。注意观察它的走势，会发现它在下跌之前既没有贴合某条均线行进，也没有走出横盘震荡，同时有的位置还明显跌出均线，我们可以轻松地画出其上涨通道。按照上述的方法，可知其破位时间是自跌破上涨通道线算起的，向下一共是三天的破位，从时间来说是符合战法的要求的。在这次下挫的过程中，跌幅算不上巨大，但对于趋势线的击穿是非常明显的。我们再来看看量能是什么样的表现。破位这几日的量能对比前几日有所下降，并且这三天的量能虽然有起伏，总体上来看也是下降的，整体的成交量萎缩得很明显，这是一个最显著的特征。也就是说这次破位已经砸漏了趋势线，但是它的量能并没有之前的小阴线高，符合价跌量缩的情况。如果下跌的同时还有量能的放大，代表筹码松动，有见顶的嫌疑，而就现在的表现来看，可以认定这是一次典型的洗盘，而不是见顶。可能有人会说，这次破位与之前的下跌好像也很相似啊，那么为什么此前的下跌并没有启动成功，而这一次就进入到主升了呢？这确实是个好问题，我们可以结合其随后的放量及均线重新多头排列来做综合判断，即下跌破位能否重新转为主升，要看破位后成交量是否明显放大，中短期均线是否呈多头排列，有的时候并不追求在第一时间就入场，而是可以等待趋势明确之后再进行加仓。

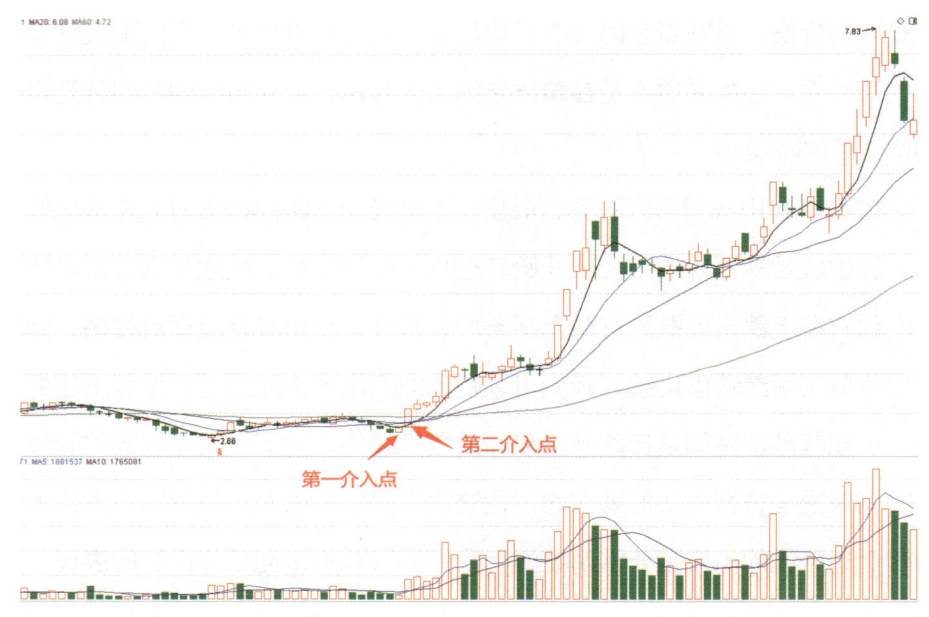

图5-10

挑出了符合这一形态的品种后，就需要找出合适的介入点了。在挖坑洗盘战法中，一共有三个介入点。破位后量能缩至地量为第一介入点，即从破位开始算起，在三至五天的时间周期中，量能缩至最低点的位置时是第一个介入点；成交量翻倍再翻倍为第二介入点，行情向上启动，形成拐点时，股价发力上冲，注意量能以最低点的量能为基准达到第一次翻倍时不是介入点，再翻一倍时才是；回踩坑沿位为第三介入点，即股价突破前期平台后，第一次回踩坑沿的位置为第三介入点。

仍然以图5-10为例，股价形成破位，下跌了几天后，出现了一根反弹的阳线，但是它所对应的量能非常低，也就是说在股价止跌形成拐点的位置，同时达到了成交量的最低点，这个位置对应的就是第一介入点。以此时的量能为基准，达到这一量能四倍的位置，我们视为第二介入点，在图5-10中对应的就是随后明显放量的这根K线的位置。需要注意的是，本例中并没有回踩坑沿的过程，因此没有出现第三介入点。

关于这三个介入点，还有几点需要特别注意：第一介入点有比较大的不确定性，但是买入是最简单的，其主要的风险点在于，缩量阳线有可能是下跌主继形态，随后出现继续的下跌破位，这就需要在第一介入点时控制好仓位，不可过重。在随后的反弹阶段量能的变化可能是复杂多变的，很可能在量能达到翻四倍的要求时，股价已经涨很高了，此时介入成本较高，一些投资者会有畏惧追高的心理，因此第二介入点也同样有一定的难度，在有第一介入点盈利打底的情况下才可以追加仓位。还有一些股票不会给我们回踩买入的机会，直接一飞冲天，这样一来，就只能放弃第三次介入了。此时就有一个很大的问题摆在面前，我们不知道之后有没有合适的介入价位，所以到底是冒险把筹码押在尚未成型的第一介入点，还是为了求稳而在明确形成拐点之后再介入？这可能会因人而异，需要好好衡量一下风险和收益的关系。

在挖坑洗盘战法中，风险的控制要看三个止损条件。第一个条件是破位地量后再放量出现阴线，即在股价下挫的过程中出现了一根阳线，它的量能为近一阶段最低，理论上来说K线的重心应该向上走，成交量应该配合放大，形成拐点，可是只反弹了一天，这根小阳线后，紧接着就是一根放量的阴线，向下创新低，这表示反弹失败，在这根阴线创新低的过程中，就要做止损了。即使这次下跌跌幅很小，只跌出了三四个点，但是因为它意味着反弹的失败，我们也要及时做止损。第二个条件是启动后长时间不能爬至坑沿位，即虽然出现了反弹，但是涨速很慢，一般如果一周以上仍然不能爬到坑沿位，则认为这只股票不符合黑马股的要求，虽然也在赚钱，但是它的爆发性太差，所以一般一周左右的时间就可以决定是否出手了，在这个条件下的止损其实应该加个引号，通常情况下，我们是有盈利的，只是达不到预期目标。第三个条件大家应该已经不陌生了，以买进价为基准，跌幅达到10%时，就要做止损了，这是做黑马股时的最后保险。

以图5-11为例，股票前期走得较为平稳，沿均线缓步上涨，形成了一个小高点，并且有了一定的盈利，随后出现阴线破位，向下跌破均线的强支撑，挖坑成功，下跌的时间及量能的变化都符合要求，随后出现缩量阳星而形成第一介入点。但随着小幅反弹后，股价再度回落，重新进入震荡阶段，其时间已经超出了一周，在此期间小涨小跌，总体在成本附近，但由于时间超标，也需要做离场处理。这并不意味着后续没有机会，接着观察可以看到，在持续横盘之后，股价再次跌破均线，并且成交量再创新低，又形成了新的地量阳线，这一次可以更谨慎地观察，在其后出现成交量翻四倍的长阳位置，该品种才真正形成了启动成功的进攻形态，随后量价齐升，进入到主升阶段，股价也走出了翻倍的走势。可以看出，黑马股品种的后续变化是比较复杂的，能按标准图形走出来的确实有，但更多的是在挖坑洗盘形态上的各种复杂变化，这就要求在实战当中将风险控制放在第一位，同时可结合旗杆量、均线多头排列等多种方法综合应用，以提高短线的胜率，在实战当中需要有一定的能力来应对变化，而不可过于教条。

第五章
价势量擒"牛"核心技术

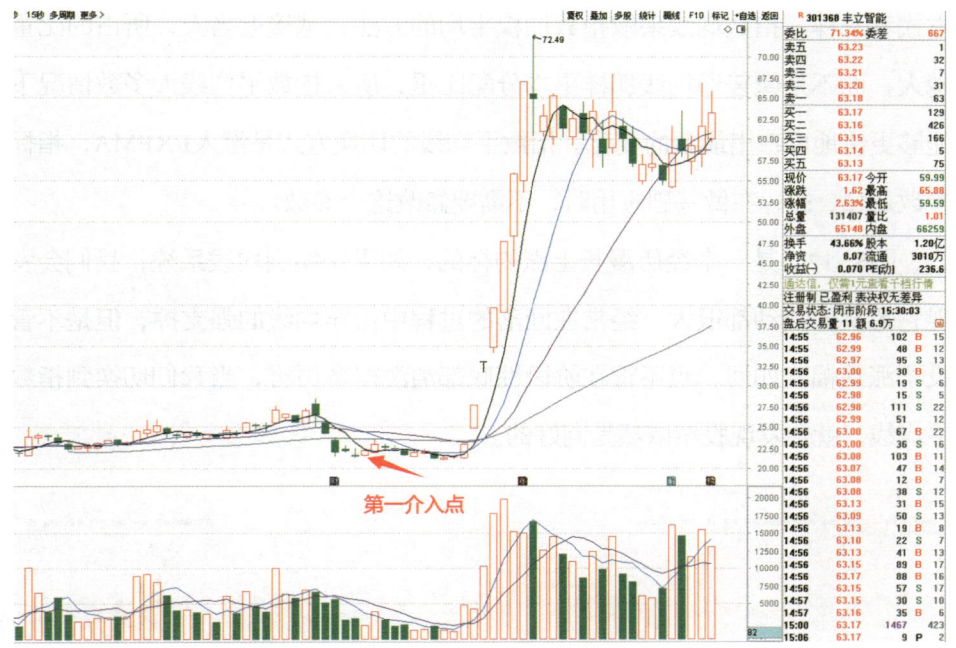

图5-11

（2）指数平均线战法

在做趋势研判时，一般会用到两个指标，一个是多空布林线，一个是指数平均线。其中，指数平均线不只可用来判断大盘，在白马战法中也是非常有用的。指数平均线的稳定性极强，在把握大趋势上具有自身独特的优势，而白马股刚好需要看中长线的情况，所以完全可以将指数平均线用作在白马股中操作的依据。

指数平均线的形成方式和普通均线相似，但在计算均线值的时候，计算方式不一样。指数均线采取指数加权平均的方法，越接近当天，所占的比重越大，而不是像普通均线那样平均分配比重，所以指数平均线大多数情况下能够更快地反映出最新的变化。指数平均线的切换方式是键入EXPMA，指标参数是12、50，在做基础应用时，不需要修改这个参数。

图5-12上是一个经历漫长上涨的标的，如果切换到均线系统，我们会发现它每次的波动都很大，经常在回落的过程中击穿均线的强支撑，但是不管股票涨跌幅度如何，也不管在阶段性底部清洗得多厉害，当我们切换到指数平均线，就会发现股票依然是向好的。

图5-12

和均线一样，指数平均线最基础的应用也是金叉和死叉。图5-13上一开始就形成了一个金叉，中间虽然两条线几度接近，但直到最后才走出一个死叉。原则上，金叉是中期的介入点，死叉是中期的离场点，如果按照这一原则来做交易，介入点与离场点之间的收益基本上已经翻倍了。在这么长的时间跨度中，指数平均线对趋势的判断能够做到这么准确，得益于它极强的稳定性，它可以忽视一些次级波动，也正是这些次级波动将很多投资者清洗了出来，它们看起来很吓人，但是在指数平均线上，基本上不会留下太重的痕迹。

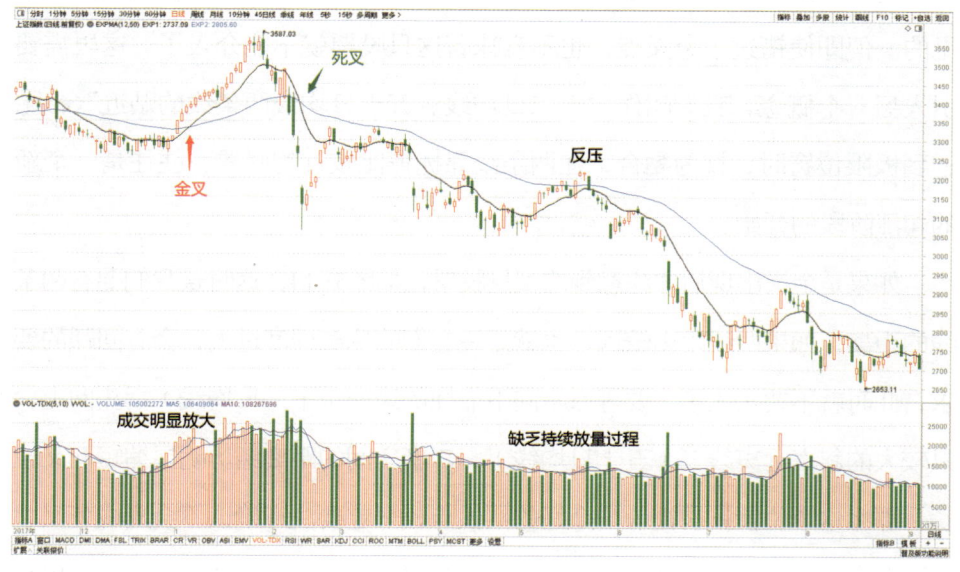

图5-13

金叉入场、死叉离场的策略很简单，上手没什么难度，与之相对应的是这类股票的挑选难度极大，在应用指数平均线时，最重要的不是找出金叉和死叉，或者判断介入点和离场点高一些还是低一些，而是把这个标的挑出来。在这个标的选择出来之后，我们再切换到指数平均线，把握大趋势的转好或是转坏，一定不要搞混其中的先后次序。不是随便找一只股票，看到金叉就买入，看到死叉就卖出，而要先判断它是不是白马股，看它有没有中期趋势走好。

　　图5-13上金叉和死叉的位置并不难找，理论上来说，我们可以从金叉的位置开始持有股票，到了死叉再离场，但是在这期间，其实还存在着很大的操作空间。另外，如果没有长期追踪这只股票，等我们注意到它时，可能已经错过了它的金叉点，无法在它底部最佳的介入点买入，这种情况是比较常见的。但即使错过了金叉点，也不意味着这只股票就不能介入了。这里需要引入另一个概念，我们叫作"十二日均线、五十日均线两条线的贴近"，贴近到极限位置时，视为黏合，在两条线靠拢得比较近的时候，往往是一个新的起涨阶段的开始。

　　如果是金叉出现后才注意到的某只股票，如图5-14，这时候我们要看两条线的距离，如果两线距离较远，也就是说它们的偏离程度过大，会有回踩的要求，此时就不要买入了，要等原本向下靠拢的线一（十二日均线）拐头向上，以较大的斜率远离线二（五十日均线），二者之间的距离经历明显缩短而又拉长，那么这个位置就被视为一个好的买入点，一定要注意确认不会形成死叉之后再介入。在死叉形成前，所有的买入点都可以通过这个方法来寻找。简单来说，以线二为趋势线，以线一为操作线，在两条线贴近而又不能交叉时是一个很好的机会，这意味着线二的强支撑是有效的，牛市当中贴近处为追加点，熊市当中为逃命点。运用指数平均线战法时，大的方向是利用金叉和死叉找介入和离场的机会，但是在一些细节的操作上还可以做得更好。

图5-14

图5-15是一个很典型的熊市,在熊市中如果不小心被套了,且越套越深,那就可以去找两条线的贴近处,同样要看会不会形成金叉。图5-15中很明显可以看到两线靠拢到最近的位置时,股价走出一个小高峰,能够卖在这样的位置,可以降低很多的损失。这两条线迟迟不能形成交叉,意味着线二的反压力量非常强,在两条线的贴近处没有及时逃命的话,很有可能会出现图中的情况,要经历一个很漫长的下跌,才能迎来金叉。

指数平均线通常是用来把握大趋势的,而大趋势的运行时间往往非常长,金叉和死叉的形成会间隔数月,甚至一年以上,这就需要我们有极大的耐心,如果投资者没有中长期持股的打算,就要谨慎介入了。在这中间的小波段也是有利可图的，可以结合登云梯、轨道线变换等战法，找到价量配合良好的位置做出相应的操作。

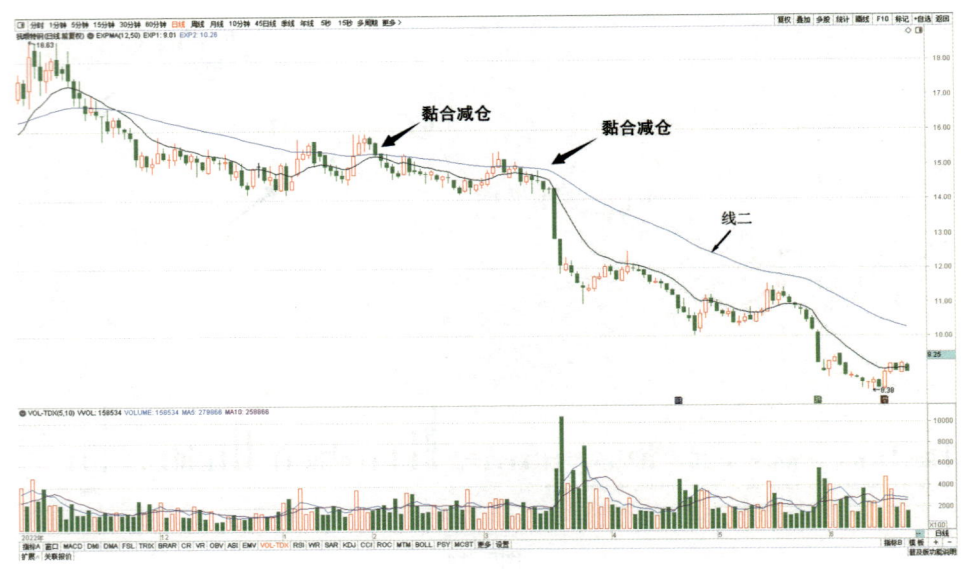

图5-15

在运用指数平均线战法时，要记住大趋势看交叉，两条线的交叉出现的频率很低，但是对大趋势的把握比较准确。如图5-16所示，中等趋势看线一，线一跌破，我们要及时做离场，线一拐头向上意味着趋势向好；小趋势看均线，我们要学会随时切换均线系统，结合各种战法做波段。

大家在实战中要仔细挑选符合白马股要求的品种，这些品种也是机构最喜欢的。关于白马股还有很多有意思的方法，之后我会为大家带来更详尽的介绍。

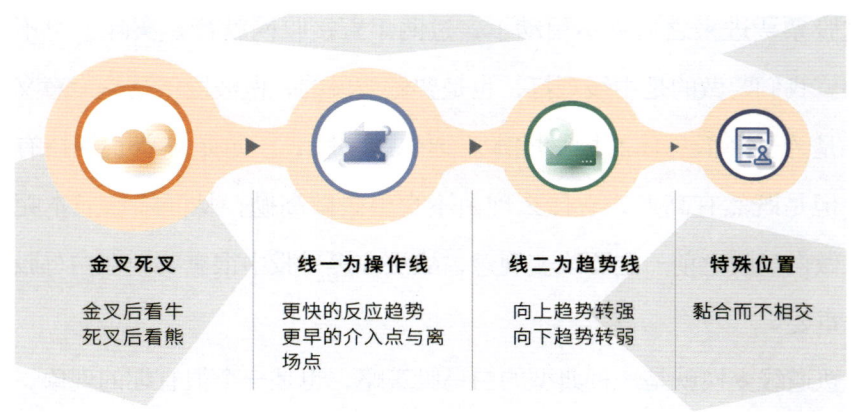

图5-16

（3）轨道线变换战法

很多朋友比较喜欢做短线，排斥做中线。这也很好理解，做短线时，我们的每个操作，不管是进出场，还是止盈止损，反馈会来得非常快，决策正确性的验证时间也很短，不仅可以看到即时的收益，还能获得很多情绪价值，但是经常会出现忙忙碌碌一两个月，回过头看这一期间的收益，好像并没有达到预期。就像在风向变幻莫测的大海里航行，顺风时好不快哉，逆风时却也避无可避，上下起伏不定，收益和损失波动极大。这个时候如果加入中线股这样一块"压舱石"，能够让我们行驶得更加平稳。做中线股并不需要频繁操作，结合短线做做波段即可，喜欢做短线的人仍然可以将重心放在黑马股中，等过一两个月再来看，没准白马股中会收获意想不到的收益。

做多了黑马股的人在做白马股时，容易陷入一个误区，认为做长线意味着这股票买进来之后就不用动了，过两年直接收网就行，实际上可不是这样的。我们要做的是中线短打，也是要做波段的，做波段不是毫无意义的折腾，是为了降低总体的持股成本。选中白马股，一定是奔着长期持有来做的，但是既然有高点，有什么理由不卖出去做高抛，从而降低成本呢？所以，做白马股之前一定要改变观念，战法在黑马股中很重要，在白马股中也同样重要。

轨道线变换就是一种典型的白马股策略，也是一个很有趣的现象，很多人在轨道线变换的过程中往往容易被甩下车，尤其是那些对技术分析法一知半解的投资者，看到K线偏离原有均线支撑，就会认为均线被破，是走坏的前兆，其实它不过是做了一个换挡的动作。

轨道线变换指的是白马股在缓涨的过程中切换上涨均线，不是总沿着一条均线上行。有的时候我们会发现股票运行的节奏处在一个中等周期的变化当中，表现为它的原始均线是不断切换的，一段时间沿着十日均线在走，过一段时间可能就沿着二十日均线上行了，这样的轨道线变换是一种典型且常见的状态。均线的变换通常意味着节奏的变化，投资者对此要有一个心理准备。

我们来看一个实战的案例。在图5-17中，前半程很长一段时间内，股价都是沿着二十日均线在运行的，当二十日均线走平向下，股价也跟着下跌，重心下移，按照通常的思路会认为这只股票很可能就此走坏，有见大顶的嫌疑，但在某个位置略微跌破六十日均线后，它又反身站上均线，转为沿六十日均线上行，重新进入进攻状态，这就是我们说的轨道线变换。

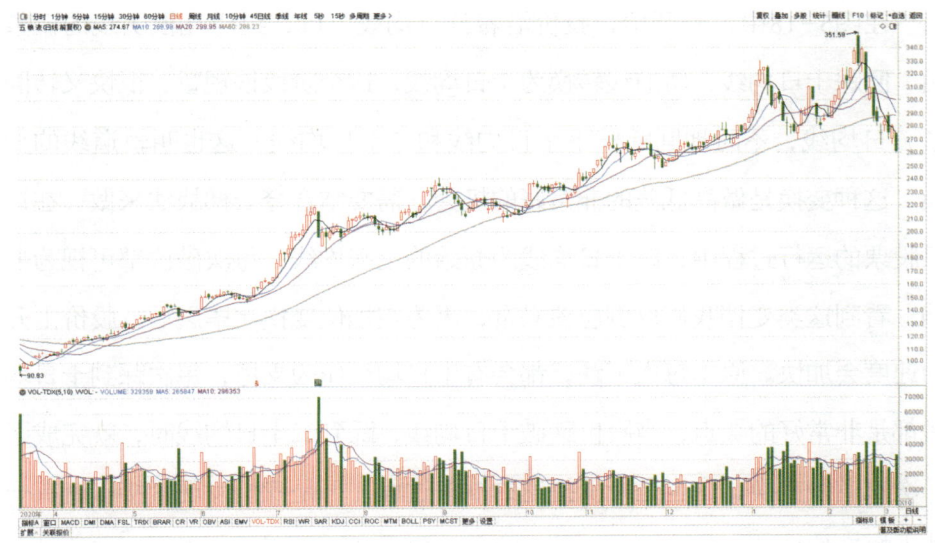

图5-17

对于大部分的白马股来说，轨道线变换是一种常见的状态。由高轨向低轨变换时换挡，换挡期的特点是日内波动明显加大，回调幅度超过以往正常波动的范围，触及低轨后成交量由缩到放，重新回到上涨趋势。正是因为轨道线变换具有这样的特点，所以我们可以将登云梯战法来做配合使用。我们知道每一个回踩的买点要满足两个条件，一个是量能的低点，一个是均线的强支撑，按照原来的强支撑去做新的波段就不好用了，在实战中要根据轨道线的变换做出相应调整，以便找到低吸的正确位置。由低轨向高轨变换，其特点是短期的均线斜率要明显变大，坡度变陡，股价上涨的速度会加快，此时一定要把握好高抛点的位置，有任何的滞涨信号都要做减仓。

我们刚刚看的是在一段长期趋势里的变换情况，接下来我们截取一小段，看看轨道线在小趋势中的变换情况。

在图5-18中，一开始，股价沿着五日均线上行，经历几根阴线的调整后，回踩十日均线，轨道线转换为十日均线，这个阶段很短暂，很快又转回了五日均线，不时地回踩一下十日均线和二十日均线，这也叫轨道线的变换。这种变换是做高低差的非常好的机会，需要结合登云梯战法来做。在这只股票的运行过程中，以十日均线为原始的上涨均线，每次破位都可视为变挡，看到这类变挡我们反倒应该兴奋，因为在挡位变换完毕之后，股价上升的速度会加快。原本每次下跌，都会有十日均线作为支撑，每次踩到十日均线都是非常好的买点，当股价跌破十日均线，踩到二十日均线时，就完成了一次轨道线变换，这也是股价提速的准备过程，于是我们发现紧接着就有一波大幅度的拉升，涨速远高于前一阶段，累计涨幅也更高。需要注意的是，既然这次是打到二十日均线得到的支撑，那么下一个阶段的回踩点就不能取十日均线了，而是要取二十日均线，这是新的上涨趋势。在第二次踩到二十日均线后，股价又转为依托五日均线开始上行并且均线斜率变陡，这一次的变换就促成了最后一次加速拉升。通过对这张图整体走势的把握，相信大家会对轨道线变换有一个更直观的感受。

在具体的操作中，一般来说，次级趋势以五日均线为依托，在做最基础的、小的波段时看五日均线就够用了，如果我们想卖到一个较为合适的位置，可以在刚刚跌破五日均线时卖出，在这个位置往往能卖出较高的价格。中级趋势以二十日均线为依托，如果不追求高频操作，想一周左右交易一次，那么看二十日均线是比较合适的，作为大的波段，它的时间跨度会更长，准确性也会更高。而如果我们已经将成本控制在很低的水准，不想再折腾，那可以看六十日均线，根据我们的需要可以更换不同的轨道线。节奏未变时，那就坚持以原有趋势做高抛低吸，跌到位了就加仓，创新高了就减仓，直到轨道线发生变化，这时再寻找新的波动规律做高抛低吸。

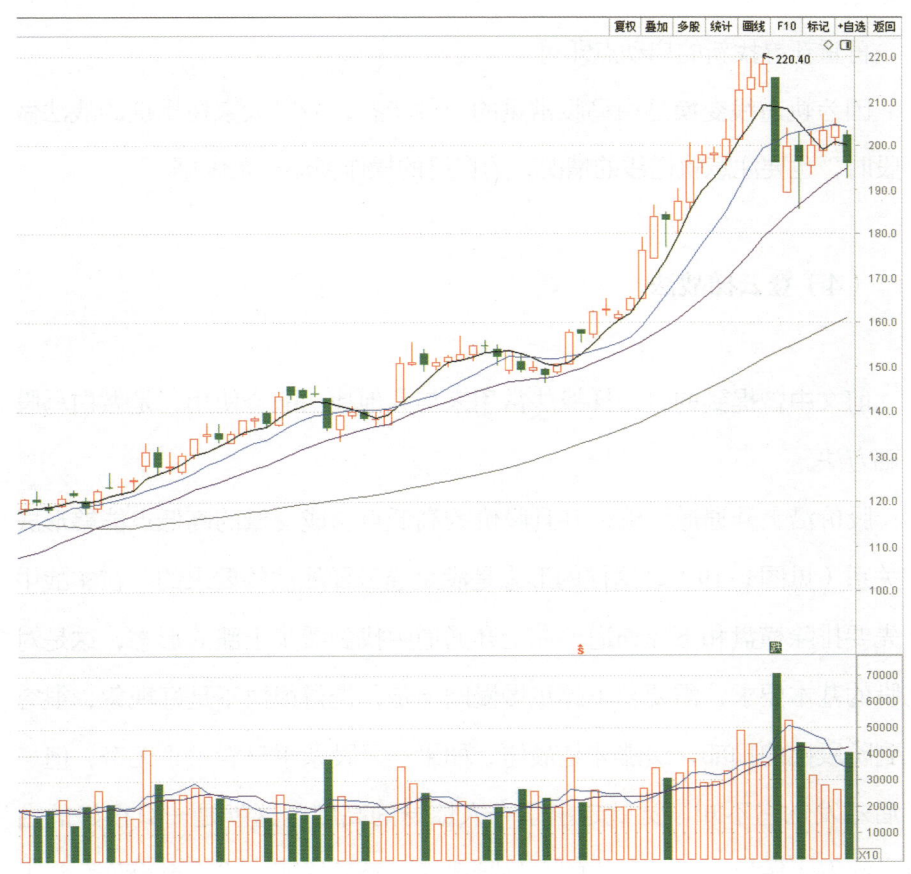

图5-18

有的时候股价会走出阶段性的顶部特征，但如果像六十日均线这样的长期均线仍能顶住，支撑较为到位，同时在股价下挫的过程中有明显的缩量，则趋势不变，不将其视作顶部。如果在加速上冲的过程中，还伴随着成交量的明显放大，那么这个位置走出顶部的可能性会更大一些。即使我们判断其并非顶部，但是当我们看到股价跌破原始轨道线时，也可以选择暂时撤离，否则进入漫长的下跌调整期也是比较难受的。等到长期均线确认支撑有效时，再重新寻找新的启动点即可。

因为轨道线变换是白马股常见的一种状态，所以大家在用别的战法做白马股时，也要注意轨道线的情况，为自己的操作多添一重依据。

（4）登云梯战法

前文中曾提到的登云梯战法常用来与其他战法配合使用，是做白马股的基础方法。

股价沿上升通道缓涨，并且股价的高低点与成交量的高低点能够形成对应关系（见图5-19），这样的形态是满足登云梯战法的要求的。在实战中，首先要排除横盘和下降通道，在上升通道中找到缓步上涨的形态，这是对白马股的基本要求，需要它小碎步慢慢向上走，走得很快不是好现象，很容易见到阶段性的顶部，缓涨才是最佳。如果一只股票平日看平平无奇，但一个月后却发觉它不知不觉就走出了令人惊讶的高度，这就是一只很好的白马股，涨得太猛反而不是最佳的白马股选择。登云梯即一步一个台阶，每上一个台阶就休整一下，表现在股价和量能上，就是股价升高，量能放大，股价下跌，量能缩减，这种波段式上涨的特点就是股价的高低几乎可以与成交量的高低一一对应，二者基本保持同一个步调。

第五章
价势量擒"牛"核心技术

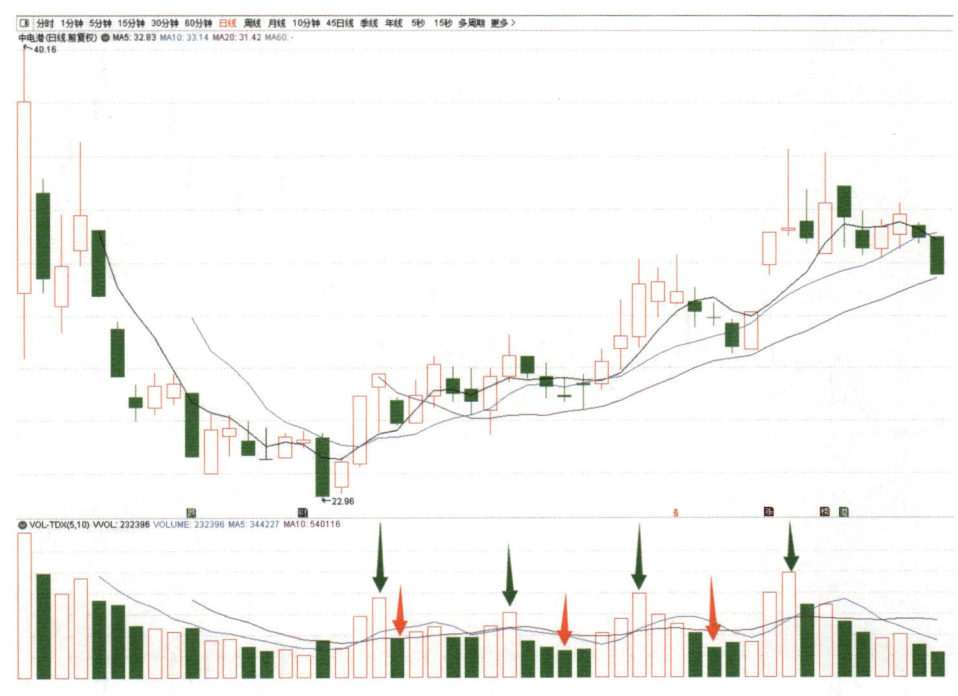

图5-19

我们来看图5-20，可以看到图中有一条很明显的上升通道，股价走势很清晰，均线系统多头排列，虽然也夹杂着中期趋势的下行，但整体的均线没有告破，都是上行趋势。还可以挑选几个阳线比较长的位置，去看日内涨幅，其单日上涨大概也就是三四个点，符合我们所说的缓涨的要求。要想知道它是不是登云梯的形态，还要看它的量价配合情况，任意挑选出几个股价的高低点，来看对应的量柱，基本上符合价涨量增、价跌量缩的情况，不断重复，形成波段式上涨，像这样类似于上台阶的走法就是典型的登云梯。

图5-20

在登云梯战法中，量能的整体水平虽然不高，但仍有高低起伏，其中的高量对应高价，低量对应低价。该战法不要求量能的总体级别有显著的提高，以每一个波动的高低量能相差不大为最佳。成交量不断推升是黑马股上冲过程中的基本要求，对白马股是不做这种要求的。

在白马股的运行过程中，不是每个量能高点都能对应价格的高点，如果量能较之前突然放大，并且对应的是一根阴线，也就是出现了天量阴的形态，那么当天就要做减仓离场了，即将中短线的战法做结合，而如果这一较大的量能对应的是一根阳线，就可以继续看下一个交易日的状态，如果在下一个交易日中，量能没跟上来，但股价能够再创新高，那就可以继续往后推，直到它形成缩量的阴线，股价也不再向上创新高，这个时候视为一个比较好的离场点。

我们在几波行情结束后，回过头来看对应关系是一目了然的，但是在行情中间，看到当天虽然可以确定量能和K线的情况，但是并不知道在下一个交易日量能会不会更高，也就是说我们没有把握这一天的量能是阶段性的高点，但是即使这两天存在一些量能的高低差也没关系，因为白马股大多数时候都是缓涨缓跌，起伏有限，如果当天留意到了量能的放大，但是没有把握，到了第二天发现量能跟不上了，股价重心下移，这时再选择卖出也不会吃亏，完全来得及。所以做白马股，重点是要"慢"，要把操作的频率降下来，做波段时不追求一定买到最低点、卖到最高点，只要能在其附近区域做出合适的操作就可以了，这也是与做黑马股之间的一个很大的不同，做黑马股时，才会对我们的精准度有较高的要求。

在登云梯战法中，介入点的选择并不难，股价回踩至均线强支撑并且成交量缩至阶段性地量时，我们就可以买入了。这两个条件缺一不可。如果股价回踩到均线强支撑，而成交量没有缩量，我们是不做买入的，同样，量能已达阶段性最低，而股价没有踩到均线强支撑，我们也不介入。到了第二天，如果均线回踩到位，量能开始放量，就说明这附近是合适的介入区域，在这天收盘前进行加仓也来得及。又或者我们买早了，买完之后，股价第二天仍在继续下跌，问题也不大，只要没有跌破上涨通道，趋势不走坏，就不会有太大的损失。

登云梯战法其实就是做波段的高抛低吸，所以在股价接近前高或是创出新高，同时成交量达到阶段性高量时即可视为一个离场点，因为有些时候股价会走出箱体形态，不是每一次都能创出新高，所以接近前高也满足离场要求。关于成交量是否满足阶段性高点的要求，同样可以等到第二天再进行验证。只要在每个波段中，都尽可能做到高抛低吸，就会得到非常可观的收益了。

总体来说，登云梯的战法以做滚动交易为主，可以不断地做高抛低吸，这也是做中线股的常规操作。滚动交易中有三个技巧需要掌握，其一是初次建仓时不可满仓，其二是在保留底仓的情况下坚持买绿卖红，其三是每次滚动操作也应该以4%的盈利为底线。通常白马股的交易周期是按周来计的，高点和低点之间会间隔一周左右的时间，波段与波段之间也差不多是与此相同的时间间隔，这样的操作频率也是比较适中的，不要每两三天就折腾一次。在做高抛低吸的时候可以采取半仓滚动交易的策略，每次见高点就减一半的仓，踩到均线了再把这一半接回来，保持总股数不变，这样几个来回之后，成本会降低不少，波动的次数越多、把握的精准度越高，成本下降得也就越快，有些时候，甚至可以把成本降到负数。也就是说，我们的盈利已足以覆盖最开始的成本，那这只股票就大可放心持有了，因为怎么做都是赚钱的，这也是我们做中线所追求的目标。

在登云梯战法中，股票的止盈点要不断地往上抬，每出现一次创新高或者说阶段性的高点，就要将止盈点向上抬一段，止损点为跌破原始的上涨通道，一旦上涨通道告破，我们就要果断离场了。在之前积累得越多，抗风险能力也就越强，所以不要忽视每一次的波段操作。

第三节　成交量战法

（1）成交量跃级战法

成交量跃级即总体成交水平远超前一阶段平均水平，相当于成交柱状图整体放大为新的平台级别，需要注意的是，这一放大不是短期的放大，而是中长期的放大。在实战中，我们会看到一些股票在运行过程中，量能在较长的一段时间内一直保持着较低的水平，虽偶尔也会放量，但整体是较为稳定的低平状态，而在下一个阶段，量能自某一日突然放大后，整体翻了数倍，且保持的时间很长，整体的成交量远高于前期的成交量水平，我们称之为成交量跃级。如果成交量突然放大后，短时间内就萎缩了，就只能说是短线的放量，并不构成成交量跃级。结合图5-21，我们可以对成交量跃级有一个更加直观的感受。

成交量跃级是股票进入进攻阶段的典型标志，如果一只股票某天的成交量非常小，那么其股价当日的涨幅一定是有限的，我们很少看到一只股票用非常低的量能推动出一次大涨，所以在股价上涨的过程中，量能的配合一定要非常理想。

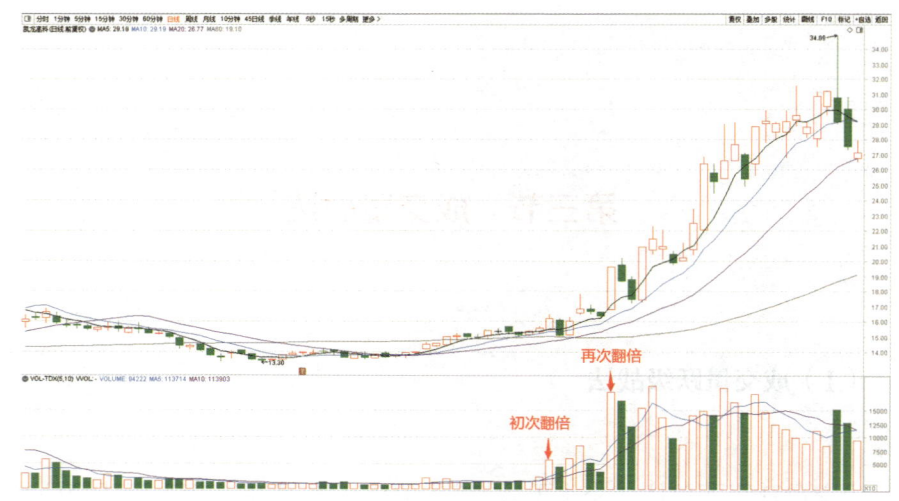

图5-21

成交量跃级的形态还是比较好抓的，找到了符合形态的股票之后，我们就可以找介入点了。其理想的介入位置有两个，第一个为初期翻倍放量的位置，第二个为上涨后横盘期最低量能的位置，这两个位置的做法完全不同，所承担的风险也不同。

在图5-22中，两个箭头分别对应第一介入点和第二介入点，第一次介入的位置就是量能第一次翻高数倍的位置，与后期的股价对比，此时的价格比较便宜，介入成本会比较低，但是它也有一个非常显著的缺点，即存在着巨大的不确定性。从图上就能看出来，这一次上涨后，很快就下跌了，而且起伏还不小，砸出了一个坑，如果之后没有反弹回来，投资者的损失会非常大。其问题的本质在于当量能突然出现翻倍放大时，我们是无法判断它到底是短线的放量还是成交量跃级，不排除随后有下挫的风险，如果选择在这个位置介入，风险比较大，是较为激进的打法，但好处是买点低，拉升空间大。

第五章
价势量擒"牛"核心技术

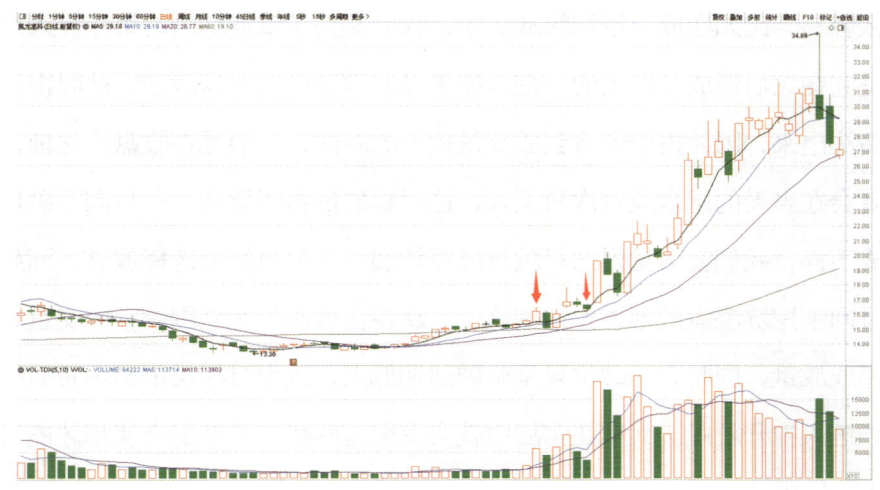

图5-22

在股价上涨后的平台搭建期，量能达到阶段性最低时是第二介入点，如果在第一介入点没有参与进去，而后看到股价上涨形成平台，就要老老实实等量能到达最低点，在此介入仍然可以搭上后期大涨的顺风车。比起第一介入点，第二介入点有着较大的确定性，因为此时股价已经经历了一段时间的上涨，形态及确定性有了大幅提高，但此时整体位置较高，我们已经错过了抄底的机会，博取的是后续再加速的可能。这两个介入点各有利弊，大家在实际的应用过程中要灵活选择。

成交量跃级战法可以用来把握大方向，具体操作上可与其他战法形成配合，综合使用。因为成交量形成跃级代表了中期趋势的改善，原本低迷的成交水平得到了激活，资金进出更加频繁，多空分歧加大，意味着它的上涨潜力更大。

这些方法的基本技巧其实并不难，但是在实际的应用过程中想做好也没那么容易，比如在成交量跃级战法中，我们买到了量能翻倍的第一介入点，但是它在之后形成了较大的下挫，如果没有学过挖坑洗盘战法，此时很容易被清洗出来，因为投资者看到成交量放大的时候，一般是在收盘价之前，那么就会在当天的尾盘或者次日买入，这时候的价格不算低，一旦向下破位，形成下挫，我们就会觉得这只股票已经转弱了，很可能会选择放弃。而如果学过向下挖坑洗盘的形态，知道这一下跌在合理的时间范围内，成交量并没有形成放量，同时它的破位只是略破前期低点，这个过程反倒预示着后续有可能进入主升阶段。大家在实战中就会发现这些战法只有配合使用才能发挥最大的作用。

（2）高位低换手战法

很多投资者觉得黑马股好，弹性大，短线收益很可观，但是其实一些白马股如果做好了，收益一点也不比黑马股差，所以大家一定不要忽视中线仓的搭配。

短线不能等，中线不能急，中线白马股一般是按月持有的，时间跨度会很长，甚至可能会跨年，所以关于时间性，大家要有心理准备。短线重势，中线重质，在做白马股时，更加看重它的质地。除了技术手段之外，我们还要关注市盈率、市净率、派现能力，以及有没有好的分红方案等，这些基本面情况都是必须考虑的因素。有些股票很受基金的追捧，被各大机构看好，就是因为它的质地很好，其公司经过了市场长时间的验证，风险低。当然了，不是说找到一个好品种，就可以一劳永逸了，再好的品种也要寻找好的介入点，在它势头良好或者刚刚要启动时买进是最舒服的，等到它已经冲得很高了，大家都知道它是一只好股票了，这时候再买进，通常来说，有很长时间是赚不到钱的。因为它是波段式上涨，一旦介入点选错了，股价在很长一段时间里都会在你的成本价以下震荡，这时候不管是持有还是离场都会很难受。

在很多人的传统认知中，股票上涨时应该走出量价齐升，如果股价不断地创新高，量能却没跟上，形成量价背离，就是走坏。但是在白马股中，未见得一定要遵守这个规则。很多股票会走出价涨量缩，在高位并没有太大成交量放出。

高位低换手就是这样一种形态，股价处于高位，但换手率反倒随上涨而缩减，越涨量越缩并不是所谓的量价背离，而是高位锁仓。因为这只股票的筹码已经被各大机构瓜分得差不多了，卖的人很少，所以到了高位，大家会发现股价涨得很多，但是机构并不会卖出来，持仓大部分是锁定状态，只有少部分筹码在交换，这时候的特点就是股价不断创新高，成交量水平反倒是降低的。

以图5-23为例，我们来对高位低换手做具体的分析。从图上的走势来看，该股确实是一个长期上涨的品种，时间跨度很长，而且股价不断地向上创新高，它的量能表现分成两个阶段：在前一个阶段，量能整体表现很突出，市场很活跃，出现很多个高点；而到了第二个阶段，股价的走势良好，甚至创了新高，可是它的量能级别都没有前期高，这就是我们说的高位低换手的表现。这一现象在第二个阶段几个波动中已经可以窥得端倪，可以看到在这几个波动的价格高点是不断抬高的，但对应的量能却是持平甚至缩减的。大家要明白价涨量缩是某些白马股的特征，不要被固有思维所误导，做出错误决策。

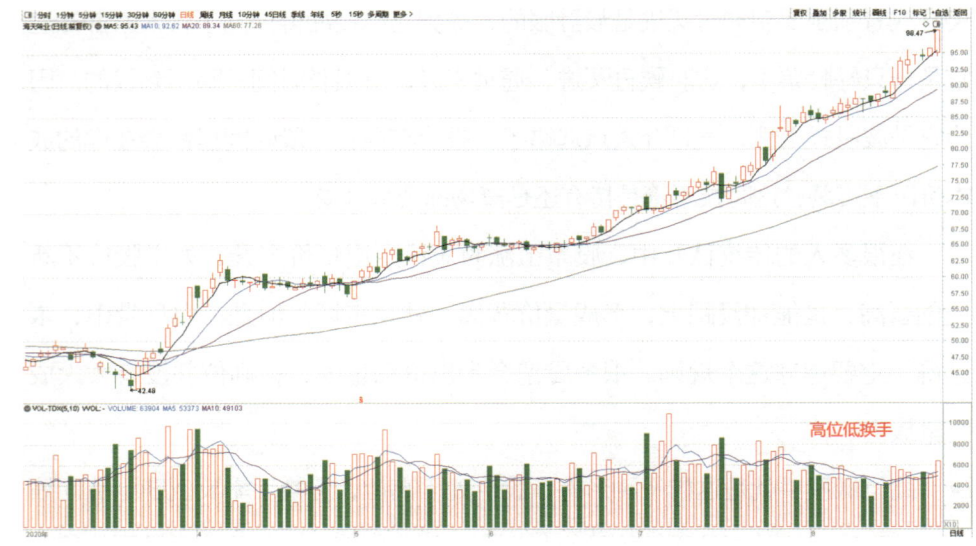

图5-23

在高位低换手中，高位通常是指创历史新高，低换手通常是指日内的换手率不超过3%。创历史新高意味着一年内的任一时间点买入的股票，到了这一位置都是赚钱的。它还有另一种说法，叫作九〇比三法则，即90%的人都赚钱，但它日内的换手不超过3%。

我们再来看一张实例图，图5-24上股价不断创新高，日内涨幅不大，但累积涨幅非常可观，向上的运行趋势也非常坚决，不过即使是面对这类股票，在买入的时候也还是要做好择时。我之前说过白马股的特点是不涨停，也不停涨，很难找到一根涨停的大阳线，好不容易看到一根较长的阳线，其日内涨幅也不过是四个点，跟黑马股中动辄七个点以上的涨幅是很难比的，一般情况下白马股的日内涨幅也就两个点左右，所以如果选错了介入点，等待它缓慢上涨的过程还是很煎熬的。因此选白马股很考验耐心，很可能买入半个月，不仅没见到涨幅，甚至还往下跌了点，刚出手割肉，就看到了重新回到上涨趋势，这就是选错了介入点带来的后果。一般这种缓涨的品种都有波段，通常表现为每涨一个波段就经历一次回调，我们可以配合使用此前介绍过的登云梯战法把握波动的高低点。当选择某个品种的时候，不要听大家都说好就跟风去买，要有自己的判断，如果经过一定思考和跟踪后，仍然认为这是个好品种，就要耐心等它回调到低点再买入。也就是说做中线是最不着急买进的，不需要急匆匆地将仓位加满，不需要追高，如果你追求的是较长一段时间内的收益，自然是等得起的。

图5-24

在做中线的时候，建议大家采取一种中线短打的策略，就是我们肯定是做长期持股打算的，但所谓的长期持股不是买入股票就拿着不动了，而是要做波段，做高低差。在保持底仓不动的情况下，当股价出现一个阶段性的高点时，可以以减半仓的方式取得一定收益，落袋为安，而后只要出现回踩，低于此前卖出的价格，可以再将仓位补回来。做出两三个波段后，效果就很明显了，在每个波段如果能达到七到十个点的收益，剩下的时间就可以大胆持有了，因为成本已经降到了很低的水平。只要白马股在上涨波段符合高位低换手的特点，其运行规律就仍然有效，也是做波段的好时期。

如果股价运行得好好的，量能级别却再次出现明显变化，那就需要特别注意了，这说明股价进入了加速上涨期，如果在此前已经积累了较大涨幅，则有可能形成大顶。从短期来看，这是件好事，因为短期收益会大增，而对于打算长期持股的人来说就是坏事了，很可能需要彻底离场，重新选择投资标的。

来看图5-25。股价本来以很均匀的速度向上涨，在不断的缓涨过程中符合高位低换手的要求，突然间量能出现大涨，而且这不只是某天的变动，它引起了后续量能的全面上涨。与此同时，我们注意到它还换了条轨道线，这次成交量的上涨叫作成交量的跃级。随后股票走势变陡，上冲速度加快，加快了到达顶部的进程。而一旦达到阶段性顶部，就会有比较大的下跌，不是说白马股就不会大跌，只是相对黑马股来说，单日跌幅会小一些，周期会更长一些，在它加速冲顶之后，就会进入到一个相对较长的调整期，这一调整期通常是以周为单位的。所以在白马股出现成交量跃级时，就要做好短期收益加速的准备，不能再轻易地做高抛，以防没有再次回接的机会。

图5-25

总体来说，挑选好品种后，介入择时以缓涨波段中的阴线回踩为佳，股价向下回踩至支撑线且缩量时为较理想的位置，一旦进入加速期，轨道线会发生变化，可以按照新的轨道线设定离场点。如果五日均线为强支撑，在五日均线拐头向下并且跌破时，就要考虑离场了。其控制风险的方法与登云梯战法相同，其止盈点需不断抬高，每到达一次高点，就要重新设置一次止盈点，不断将防线向上抬。止损点为破掉原始的上升通道，在股价跌破上升通道后，就要全面离场。

（3）阴后阳缩倍量战法

一般来说，阳线放量阴线缩量是量价配合中的典型特征，一个股票在进攻上涨的阶段，通常看到的都是阳线对应的量能较高，阴线对应的量能较低，可是在一些特殊的情况下，我们会发现阳线对应的是缩量状态，反倒是下跌的阴线，成交量明显放大。这种有趣的现象当然值得多加留意。

我们将上述特殊形态称为阴后阳缩倍量，这并不是白马股的必备形态，这一形态较为罕见，不是所有的白马股都符合这一特征，但是如果在股价上涨途中出现这一形态，准确性相对来说也会更高，买进的把握就会更大。

我们来看图5-26，首先可以看到这个品种是非常明确的上涨趋势，那么它就已经符合选择白马股的最基本的要求了。请注意，我在讲白马战法时所参照的实战图全都是上行趋势，大家在寻找好的白马股时也要注意，虽然是在做长线，但是也不要找那些下行趋势的，因为白马股本身涨得就慢，一旦进入下跌波段，往往时间较长，用这段时间去做别的股票，已经可以拿到非常可观的收益了，所以即使非常看好某只股票，也不要在它下跌的过程中买，至少要等到它的拐点形成，有向上的趋势时再逐步介入。

在图5-26上，我圈出了几个特殊的位置，在股价下挫的过程中，表现为阴线是放量的，次日止跌的阳线反倒是出现了明显的缩量，第一个阴后阳的位置缩量最明显，阳线的量柱几乎只有阴线量柱的一半，形成这种形态的位置，我们视为标准的起涨点，是一个非常好的介入时机。而如果这种特殊形态出现位置恰好踩在了均线上，则其准确性更高。

图5-26

图上出现了两次阴后阳缩倍量的情况，在实战中，我们可能一次都看不到，也可能看到一个品种走出很多次，需要记住的是每次出现的位置都是很好的加仓机会，在缩量的这根阳线当天或者次日买进，收益往往会比较可观。

在使用阴后阳缩倍量战法时，首先要找到符合缓涨格局的股票，也就是那些单日涨幅不大，但是累积涨幅很可观的股票。那些频繁出现涨停或短期暴涨的股票绝对不符合白马股的要求，大家不要在基本要求上出问题，否则后续不管是哪种白马战法都无法展开应用。其次找到它原始的上涨趋势线，依托均线上行时，均线就是它的上涨趋势线，如果股价跌穿了几次均线，将低点连起来，也能作为上涨趋势线，只要能找到上涨趋势线，就说明股价这一上涨的趋势已经经过了数次的验证。最后就是挑出阴线放量、阳线缩量的特殊形态。

需要注意的是，不是一出现阴后阳缩倍量的形态时就要出手买入，它是一种罕见形态，也是一种异常现象，不符合一般情况，所以在第一次出现后，要高度重视、持续观望，做好开仓准备而不用开仓，第二次出现或者多次重复出现时就可以介入了，仍然是采取滚动交易的策略。

滚动交易是一种非常常见的交易方法，也是最有效降低成本的方式。大家在做交易时，切记不要满仓操作，特别是在做中线股票的时候。基本上建议仓位为一个中线配两个短线，在中线上，最多只能分配30%的仓位。而对于滚动交易来说，有几个名词是常常要用到的，即轻仓做T、半仓做T和重仓做T。一般来说，做中线仓位安排时，首先要确定其在总仓位中的占比，比如三层仓，对这三层仓可以再采取不同的滚动交易策略。以半仓做T来举例，假设手上有2000股，股票上涨趋势很好，等它出现典型的高抛点，在做高抛时，半仓卖出就可以了，也就是减掉1000股。等到股价跌到位了，打到技术上的强支撑位，符合预定好的买点，就再回补1000股。保持股数不变，可以让我们在计算成本时更加方便，也有助于计算整体收益。而多赚的这些钱，可以用来支援短线，相当于用纯利去做高风险操作，这样一来，既考虑到了投资的安全性，也能很好地照顾到黑马股的进攻性。轻仓做T就是在卖的时候，只减掉很少的一部分，一般在我们觉得股票走势非常好，担心卖出去后，股价拉升过快，导致没法再用适当的价格接回来的情况下，会采取轻仓做T的方式，减少量的仓，比如2000股中的500股，之后仍然是耐心等待，一旦真有再向下回踩的机会，那么就等量接回500股。轻仓做T的好处是，如果这只股票继续大幅上涨，不给再次买入的机会，则手中还有大部分的仓位可以获取收益。不过轻仓做T降低成本的作用很小，在波段操作中无法通过轻仓的方式达到快速降低成本的目的，其更多是防御性策略而不是激进的进攻性策略。还有一种比较极端的方法叫作重仓做T，即在高点时，把大部分仓位卖掉，手中只留一点，比如2000股中只留100股，等到股价跌下来时再接回1900股，它会使我们的成本下降得非常快，但是也容易卖丢，一旦股价拉升，没有回接的机会，那么剩余的这点仓位对整体的收益就起不到太大作用了。一般来说，技术分析能力强者，可多用重仓做T，水平相对一般者半仓做T或是轻仓做T即可。

再说回到阴后阳缩倍量这一战法，如果成交量保持基本水平，那么就可以坚持滚动交易，一旦成交量出现跃级，很有可能会进入股价加速上涨期，此时要做好冲顶的准备，尽量不要做减仓了，在见到典型的顶部特征前，应保持股票不动。从缓涨期到加速上涨期，只要按照本书的方法做好高抛低吸，就不会有太大的问题了。

以上是我认为实用性非常强的十个战法，当然还有很多战法也值得大家了解、学习，不过一定要注意，学得再多，如果不能转化为自己头脑中的知识去融会贯通，最终的结果也只会是白学。希望各位可以牢牢掌握技术分析的基本框架与知识点，在实战当中不断地总结并提高，这样才能提高胜率，在股市中取得更大的收益。

后记

做独一无二的你！

非常感谢你能认真地看到这里，也真心希望在以上的分析和讲解当中，你能多次停下阅读而去思考，停下研究理论而静下心去实践，因为这实在太重要了。我教过很多学员，没有学员在学习完毕之后是完全一样的，在实战当中每个人的风格和特点都很明显，但还是非常欣慰地看到，有相当多的学员将价势量三步做盘法应用得相当漂亮，每当听到学员的喜报时，远比我自己赚钱还要开心。

请一定记住，基础就好比是一块块的积木，每个人能拿到的积木是差不多的，但有的人只能建一座小屋，有的人能造一架飞机，也有的人可以盖一座宫殿，完美且标准的模板是不存在的，每个人的性格不同，经历不同，经验不同，适合的方法、擅长的方向也就大不相同，不用羡慕别人的成就，你应该有自己的收获，投资就像不断地去攀登不同的山峰，每个人都会经历起起伏伏，不断地上山下山，在这个过程中你的体魄会强壮，你的心态将成熟，你也会看到不一样的风景，拥有不同的智慧。所以我们要感谢每一次的胜利，也要感谢每一次的不成熟，愿青涩的你有无限的成长可能，希望我的经验能对大家有小小的帮助，愿我们共同前行！